AF441262

PELOTA REBELDE

Editor literario
Alejandro Tloupakis
aletloupakis@gmail.com

Corrección
Teodoro Tloupakis

Diseño y diagramación
Rodrigo Quiroga

Impreso en la Ciudad Autónoma de Buenos Aires,
Argentina, octubre de 2018.
Printed and made in Argentina.

ISBN: 978-9974-93-981-3

Milka C. Garay Strata

2018

Dedicatorias

A vos, maestra, amiga y coprotagonista. ¡Gracias por tanto!
A mis maestras de la escuela, a mis profes y a mis compañeros.
A todos los niños y niñas del mundo.

Agradecimientos

A mi novio Guillermo, por su apoyo incondicional para que hoy *Pelota* sea una realidad.

A mi mamá y a toda mi familia, por confiar en mí.

A mis amigas, por darme fuerzas para seguir y difundir mis escritos.

A mis colegas, por insistir en la publicación.

A la editorial, por aceptar el desafío.

A los personajes verídicos, por participar en este proyecto.

A mi profesor de taller, por la motivación.

Y por supuesto: a ustedes, por leerme.

Uno

¿Y si me animo? ¿Y si lo hago, qué? Sé que en el fondo mi mamá no quiere.

Aunque me diga que para ella lo más importante es que yo sea feliz, a ella no le gustaría verme en una cancha de fútbol. Sí, no me dijo "no vayas", pero yo no soy boba. Sin ni siquiera preguntarle, me dijo: "Si vos querés, y si te portás mejor... el ambiente no es muy lindo, pero...". Y entendí todo: es obvio que no quiere. Pero... ¿y lo que yo quiero, qué? ¿No importa? No, obvio que no, tengo 11 años, estoy en quinto año de escuela, no tengo ni 18, ni estoy en la Universidad. ¿Pero para qué lo pienso tanto, si igual no me van a dejar hacer lo que quiero?

Los adultos ven mal que una niña juegue al fútbol, así que no voy a ir a jugar a Nacional aunque sea mi sueño, me voy a quedar con las ganas, por más que haya sido el propio técnico el que me haya venido a buscar a mi casa (o mejor dicho, al bazar donde trabaja mi mamá). ¡El propio técnico del Nacional vino a buscarme para que me pruebe! Le dijo a mi madre que hace un tiempo me vio jugando en el campito con mis amigos y que tengo condiciones, que atajo bien, que estaría bueno que fuera a practicar... ¿Pero y si voy, se me escapa una pelota y todos se ríen de mí? Sería lo peor, porque al fin y al cabo tampoco soy tan buena, atajo muchas de suerte, nomás...

—Hace una hora que estás rayando la hoja y no hacés nada.

—No estoy rayando, Rodri, estoy haciendo pelotas y escudos de Nacional.

—Tá, pero no estás trabajando...

—¿Y? Pero estoy callada… Además ¿vos qué, sos mi amigo o sos amigo de la maestra?

—Soy tu amigo, por eso me preocupo por vos, porque te va a decir algo cuando vea que no copiaste nada.

—Me da lo mismo, dejame…

—Ni el título del trabajo anterior, pusiste… Dale, ponete las pilas.

—Tá, Ro, dejame en paz, yo estoy pensando en algo importante. Aparte decime: ¿está diciendo algo que me va a cambiar la vida o sigue hablando de los indígenas de hace quichicientos años?

—Shhh, callate que te va a escuchar, no está hablando de los indígenas, está…

—Bueno, tá, más o menos de eso habla, si no habla de los indígenas, habla de algo parecido, pero yo estoy…

—Milka, ¿qué estoy diciendo? —me interrumpe la bruja con su cara habitual (de bruja, claro).

—¿Qué estabas diciendo me preguntás? ¿Por qué me lo preguntás a mí? ¿No tenés como treinta y nueve más? ¿Por qué a mí, eh? —le pregunto dando el lápiz contra el banco, y al instante se le quiebra la punta.

—Porque eras tú la que estaba hablando…

—Todavía rompo el lápiz… —murmuro, y continúo—: Claro, y como siempre, yo hablo sola, ¿no?

—Milka… —La maestra pronuncia mi nombre intentando que la escuche.

¿Milka, qué? Odio mi nombre: si me llamara Valentina, como mi mejor amiga, la bruja podría estar nombrando a otra Vale. Pero no, "Milka" me llamo solo yo, acá en la clase y en cualquier lugar, y siempre me están llamando como si yo fuera un monstruo… Además, con el nombre horrible que tengo, tener que escucharlo cada dos minutos es lo peor, no necesito que me lo recuerde tanto.

—Estabas hablando de Artigas, del acto, de algo que tenemos que hacer o leer, de que no íbamos a participar todos porque no sé qué cosa, y no sé qué más, pero más de lo mismo que hacemos todos los años, diciendo lo valiente que fue el prócer, ¿o no? ¿No era de eso de lo que hablabas? Preguntale a otro, y vas a ver que yo era la única que te estaba escuchando... O no, ¿sabés qué? Mejor dejalo así, no les preguntes, así yo sigo siendo la única mala, total... —Digo todo eso sin respirar un segundo.

No espero que me responda y comienzo a sacarle punta al lápiz, a ella le alcanza con observarme así, como un ogro, como si a mí en este momento me importara... Estoy viendo qué voy a hacer de mi vida y la maestra quiere que a mí me importe Artigas, no, la verdad que no... Además yo ya sé del prócer, sé cuándo y dónde nació, sé que fue el Jefe de los Orientales porque ese nombre se le dio en la Quinta de la Paraguaya, donde es hoy el Gran Parque Central, el estadio de Nacional. Sé que se casó con su prima, que fue derrotado por los argentinos y que luego de eso huyó a Paraguay... Ah, también que hizo o intentó hacer el "reparto de tierras" o algo así. Todo eso sé de él, pero no porque yo sea muy crack, la verdad es que ayer lo leí de una revista, además de que lo repiten las maestras año tras año...

—Milka —termina diciendo la bruja, después de tres horas de rezongos que yo nunca escuché—, no tienes recreo —solo oí esto último, lo único importante de sus seiscientas palabras.

Me maté diciendo lo que ella había dicho de Artigas para taparle la boca, y ella en vez de decirme "muy bien", ¿se la agarra con mi recreo? ¿Justo con el manchado? Siempre igual, me quita lo único que yo quiero. La odio a ella, a su poder, a Artigas y al que dijo que el fútbol es cosa de varones...

Y lo peor, el día de hoy, no es no poder jugar al manchado y tener que ver a mis amigas mientras ellas sí lo hacen, y a la vez ver cómo la maestra disfruta que yo no pueda... No: hoy lo peor es que desde donde estoy parada (donde está la bruja) tengo mejor vista de la cancha de fútbol. Como si con no jugar al manchado fuera poco, encima esto, ver cómo los varones de mi clase y los de sexto corren detrás de la pelota… siendo para ellos lo normal. ¡Qué injusto que lo que yo quiero no sea para mí!

Porque esa es la verdad, yo quiero atajar, yo quiero ir y decirle a mi mamá que llame por teléfono al técnico y que le diga que sí, que voy ir a jugar al femenino de Nacional, que ya quiero ponerme la camiseta más linda del universo y defenderla en un partido a morir y ser feliz con eso… Pero si la maestra le sigue llenando la cabeza a mi mamá con mi supuesto mal comportamiento, no voy a ir ni a la esquina. Maldita maestra, maldita mi madre que le cree y maldito fútbol por ser el mejor deporte del mundo.

—Mil, ¿no jugás?

—No puedo, ¿sos ciega? —le respondo a mi compañera que, o es ciega o me está tomando el pelo. Tengo la custodia de la bruja, es obvio que no puedo.

—Milka, tu compañera no tiene culpa de que tú… —comienza a molestarme Gladys, pero yo la corto:

—Y bueno, ¿para qué me pregunta si ya sabe? Aparte no te metas —termino murmurando—, nadie te habló a vos.

—Muy bien —me responde con odio, pero sé que lo último no lo escuchó, si no, no estaría tan tranquila.

—¿Qué? ¿Entonces puedo ir? —le pregunto unos segundos después, esperanzada: ya casi termina el recreo y en una de esas se arrepiente de ser tan mala y me deja jugar los últimos minutos.

—Nooo, no puedes… —me responde llena de felicidad.

—Gracias —le digo con ironía.

—De nada —me responde de igual forma.

—¿Milka?

Ufa, ¿qué quiere ahora?

—¿Qué?

—Cuando toquen la campana, tirás el chicle.

—Yo ahora estoy en el recreo, cuando toquen la campana, veo… —murmuro.

—Lo vas a tirar —insiste con tono firme.

—Sí, dale, dale —respondo corriendo mi mirada de la suya.

—¡Milka! —gruñe, y vuelve a hacerme el jueguito de "te miro mal para que me tengas miedo", cosa que no resulta pero bueno…

—Tá, como quieras, no me molestes más —digo entre dientes.

—Sí, exacto, y como yo quiero que lo tires, lo vas a tirar, Milka.

Encima de todo, tiene buen oído.

—Lo voy a tirar, sí —ironizo, y ella se resigna. Murmura algo que no entiendo, pero no dice más nada, me deja en paz.

Minga lo voy a tirar, minga.

Dos

—Mil, te estoy hablando… —me codea Vale y me trae de nuevo a este planeta.

—¿Qué? ¿Qué pasa?

—¿Qué te pasa a vos que no me contestás? —insiste mientras caminamos desde la escuela a nuestras casas.

No puedo dejar de pensarme como golera, y en lo que sería mi vida si cumpliera mi sueño.

—Nada.

—Dale, te conozco…

—Bueno, está bien, te voy a contar, pero no seas mala…

—¿Mala? ¿Por?

—Porque te conozco y sé lo que pensás.

—Dale, no te hagas rogar.

—Bueno, está bien. Anoche mi madre me contó que el DT de fútbol femenino de Nacional fue al bazar a preguntarle si a mí me gustaría ir a jugar en su equipo, al Bolso, obvio. Él le dijo que me vio muchas veces atajando en el campito y que soy buena. Y yo me muero por ir…

—Mmm, no sé si es buena idea. O sea, no digo vos, pero las pocas que conocemos en el barrio que juegan al fútbol son medio raras, medios varones…

—Pero lo que a mí me gusta es jugar al fútbol, no ser varón.

—¿Y si después te ponés "así"…?

¿Qué es lo que me quiere decir con "así"? Creo que tiene miedo de que me vuelva "machona", que por lo que entiendo es ser niña y vestirse como varón, aunque no sé si es eso. No sé por qué a la gente le importa tanto lo que podría parecer. Estoy segura de que es el mismo miedo que puede tener mi mamá y el resto de mi familia.

Si Valentina, que es mi amiga, piensa que por ser mujer y querer jugar al fútbol voy a terminar siendo "marimacho", ¿qué puedo esperar de las demás personas? Van a decir cualquier cosa a mis espaldas. ¡Aparte a ella le gusta la cumbia y yo no le digo nada!

—Chau, Vale, —le digo—, nos vemos después, de tarde o mañana. —Y salgo corriendo para llegar más rápido a casa. Tengo hambre, pero sobre todo no quiero hablar más con ella.

Paso muchas de mis tardes en su casa, me gusta que su madre siempre esté para almorzar y merendar.

Pero ya me decidí, ya está… no puedo dejar pasar más el tiempo. Voy a hablar ya con mi madre. Ella tiene que saber que jugar al fútbol es mi más grande sueño. La tengo que convencer de que hacerlo con la camiseta de Nacional es lo mejor del mundo para mí. Listo, es ahora o nunca. Que el DT de Nacional me quiera en su equipo, en el equipo de mis amores, cambia todo. Yo ya me había dado por vencida con esto de jugar. Pero ahora tengo fuerzas para luchar, porque me hace sentir que es posible. Y que sí, que soy una niña, pero puedo atajar si es lo que quiero, y yo quiero, lo quiero mucho. Apenas entro a casa, la llamo al bazar.

Sin embargo, a veces hablar con mi madre no es tan fácil. Hace media hora que trato de decirle en el teléfono todo lo que siento, pero no me escucha, no para de hablar arriba de mí. Encima cuando tiene clientes me dice que espere, ¡y eso me revienta!

Yo le hablo de fútbol y ella me salta con la escuela. Siento que no me entiende, que solo se fija en cómo me porto en la clase, solo eso. Me pregunta todo el tiempo si traté o no a la maestra con respeto, si estudié o hice los deberes. Y diga lo que le diga, me responde lo mismo:

—Cuando te portes bien en la escuela, vemos… Cuando la maestra… —Con esta es la quinta o la sexta vez que lo dice. ¿No sabe decir otra cosa? ¡Nunca pensé que podría llegar a odiar tanto una respuesta!

—Yo me porto bien, es la maestra la que me odia y encima vos le creés… En serio, ma… A ella le molesta todo… Todo lo que hago, todo lo que digo. Y tá, yo solo me defiendo.

—Te conozco y sé cómo respondés. Yo te soporto porque soy tu madre, pero la maestra no tiene por qué aguantar tus malas contestaciones.

—Pero ahora ya ni hablo, no digo nada, no le estoy respondiendo siquiera… ¿Eh, ma? Dale, quiero ir a jugar al fútbol a Nacional… —le digo por fin. Y es la primera vez que lo digo completo desde que comenzamos a hablar, porque es la primera vez que no me interrumpe.

—Hoy te digo que no, Milka. Pero si en un tiempo tu maestra me dice que te estás portando mejor, vemos.

—No entiendo, ayer cuando me contaste que había venido el señor al bazar, antes de que yo te dijera nada, vos me dijiste: "Si vos querés…". Y ahora que te digo que quiero, ¿por qué metés a la escuela en el medio?

—Lo que dije ayer, y te vuelvo a repetir ahora, es que si en un tiempo tu maestra me dice que te estás portando bien y vos todavía querés ir, lo puedo pensar. Tu problema es que no escuchás…

—Ella nunca te va a decir que me estoy portando bien, siempre me va a encontrar algo… Ah, dale, ¿o es porque no querés que vaya por otra cosa? Mirá que aunque juegue al fútbol voy a seguir siendo una nena…

—Milka, no quieras manipularme. Cuando te portes bien, hablamos.

—Y si es verdad, vos no querés que juegue en un club porque, como supuestamente es un deporte de varones, vos tenés miedo de que me convierta en uno. Pero yo no quiero ser un nene, yo solo quiero jugar… Tu primo te llenó la cabeza hace tiempo con que no soy femenina.

—No es porque piense que te vas a convertir en un varón, no. Sé que no tiene nada que ver... No vas a ir por ahora porque no te lo merecés. Cuando hagas méritos, vemos. Y lo que diga Juan no me importa. Lo escucho por respeto, pero yo soy tu madre, y yo decido lo que hacés o no. Te repito: si te portás bien, puede ser. Vos decidís si cambiás de actitud o no en la escuela.

—Te odio.

—Bueno, yo tengo que trabajar, hablamos luego. Te quiero, hija.

—Siempre tenés que trabajar…

—Del aire no vivimos, no me queda otra.

—Chau.

—Te quiero, amor —me dice, y yo le corto.

A mí no me gusta que trabaje todo el día, y creo que a ella tampoco, pero dice que no le queda otra, que tiene que criarme. Y yo, bueno, aprendí a cocinar, porque aunque ella deja comida, yo me hago lo que a mí me gusta.

Con mi papá me llevo bien, aunque no nos vemos tanto. Sí en los partidos, y eso es lo más. De él, heredé el amor por Nacional y el carácter fuerte. Cuando mi mamá se enoja, me dice que soy igual a él, y para mí es genial, así que me encanta. Todo el mundo me dice que nos parecemos de cara y en los gestos que hacemos. En la forma de caminar, de hablar, de reírnos. Además él es re alto y yo también. Mi mamá, en cambio, es una enana. Ya la pasé hace rato.

Pero ahora el tema es mi madre. Me re molesta que ella solo quiera me porte bien en la escuela y nada más. Me da bronca, ¿tengo que dejar de ser yo en la clase para jugar a la pelota? Si yo no quiero hacer un trabajo porque me parece aburrido o no quiero trazar una figura porque me cuesta, o si tengo ganas de cantar y se me da por hacerlo, ¿está mal?

Yo voy a seguir diciendo y haciendo lo que creo que está bien, o mejor todavía, voy a hacer lo que a la maestra le molesta, que más o menos es lo mismo, y eso, por lo menos, me divierte.

No solo es mi mamá la que no me acepta como soy. Tampoco me acepta la bruja, ni nadie. A la gente no le parece bien lo que a mí me gusta, todos me critican, como si todas las niñas tuviéramos que ser iguales, o como si hubiera una sola forma de ser niña y una sola forma de ser niño.

Me hace acordar a los moldes de plasticina, esos que ya tienen una figura y hacen cosas igualitas. Pareciera que con las personas quisieran hacer lo mismo, como si solo existieran dos moldes, uno de nena y otro de varón. El de nena sería el rosado y el dulce, y el de varón, el azul, el inquieto y ruidoso.

Si sos niña tenés que estar sentada (casi inmóvil) jugando con una muñeca o algo medio parecido, y si sos varón te tiran para la calle con una pelota o te regalan un arma de policía. A mí me encantan las muñecas, jugué con todo tipo de bebotes y muñecas de plástico. Amaba pasear las barbies o a los bebés de goma en el cochecito rojo que tenía… Pero a la vez siempre me gustaron los robots, los Power Rangers, y obvio que las pelotas. ¿Me salí del molde por eso? ¿Qué pasó con el molde en el momento que me hicieron? ¿Estaba fallado?

Hace un par de años, cuando jugaba al fútbol en el campito con mis amigos Dani, Diego, Sebastián, Matías, Lucas, Guille y Gime (la única niña que conozco, además de mí, a la que le gusta el fútbol, lástima que es manya), Juan, el primo de mi mamá, se enojaba. Él pensaba, y todavía piensa, al escuchame hablar de fútbol, que soy menos niña por eso. Cada vez que me veía con ropa de golera, me decía que no era femenina. Solo por ponerme una camiseta, usar championes con tapones, guantes de arquero y subirme las medias de Nacional hasta la rodilla. "¿Vos viste cómo anda?", se fastidiaba con mi madre. "Es una niña… ¿Pero viste lo que parece?".

Mi mamá siempre le respondía lo mismo: "Esto de jugar al fútbol es una etapa, en la adolescencia se le va a ir. Es normal, a mí también me gustaba jugar, ¿no te acordás…?". Capaz, pienso, también era el sueño de ella, pero dejó para que mi tío no la molestara.

Nunca lo entendí a mi tío, ¿qué ropa pretendía que usara para jugar al fútbol? ¿Un vestido? No digo que no se pueda, pero sería muy incómodo jugar así. Los guantes son para proteger las manos de los pelotazos, a veces la pelota viene con mucha fuerza y te quema. Las medias, lo mismo: son para protección, te cuidan las rodillas de las caídas contra el suelo. Y yo qué sé, usar la camiseta de Nacional para jugar a la pelota era lindo, representaba el amor por mi cuadro… ¿Poco nena por eso? A mí me encanta ser niña y me encanta la ropa deportiva porque es cómoda.

Nunca logré captar del todo lo que le quería explicar mi madre, creo que intentaba defenderme, pero su respuesta era rara, porque que te guste un deporte no tiene que ver con la edad, no entiendo eso de "es una etapa". ¿O sea que cuando sea grande voy a dejar de amar el fútbol? Aparte que los deportes no tienen sexo. Y es injusto que sea profesional solo para los hombres, las mujeres también tenemos derecho a jugarlo. Además de jugar, yo puedo pasar un día entero mirando partidos sin aburrirme o jugando a la Fifa Soccer en el PlayStation, ¿y qué?

Y pensando en los jugadores, me doy cuenta de que no solo miro cómo juegan… La verdad es que algunos son re lindos, otros que ni ahí. Y aunque sé que en el fútbol lo más importante es que jueguen bien, no puedo evitar mirar sus caras y ver si son facheros. Cuando llega un jugador a Nacional, enseguida quiero que juegue para ver si es lindo. Jugando, los mejores para mí, son los brasileños. Y de divinos, ganan los argentinos por goleada. Creo que es por el pelo, ¡siempre se hacen peinados locos!

Tres

La pelota se les escapa y me cae en los pies. Comienzo a dominarla sin pensarlo, me sale y lo hago. Con la izquierda y con la derecha, otra vez derecha, rodilla, rodilla, cabeza, cabeza, cabeza, izquierda. Martín viene desesperado hacia mí para llevársela. Él con el resto de mis compañeros están jugando un partidito y pierden 1-2 con los grandes de sexto. El apuro es porque quieren empatar antes de que termine el recreo.

—Tomá, empaten… —le digo devolviéndosela de taquito.

Chan… No voy a negar que lo disfruté, que lo hice genial, que todos me miraron asombrados, menos Vale, que se aburrió de tanto verme jugar con su hermanito Bruno y con Rodri. Cómo nos gustaba "el mete gol, entra", "la pasadita", "el monito", y ver quién la dominaba más. Siempre ganaba Bruno, andaba de vuelo con los jueguitos, bah, todavía anda, porque él sí sigue jugando al fútbol. Él lo tiene permitido…

Mi vecina, siempre que me veía jugar a alguna cosa que tuviera pelota, salía de su casa solo para decirme "Nena, parecés un varoncito jugando, y con camiseta de fútbol peor, m' hija". La primera vez entré a mi casa llorando, la segunda casi la insulté, y la tercera, le conté a mi mamá, que me aconsejó que no le diera corte, que la gente habla porque tiene boca, pero yo hasta hoy no entiendo qué tanto le molestaba a ella, me dolía escucharla.

Pero qué lindo fue dominarla un poquito ahora, qué vergüenza frente al resto, siempre se me cae cuando la cabeceo tres veces seguidas, pero hoy no se me cayó.

Terminó el recreo, chau fútbol. Al final, hoy estuvo bueno no tener pelota para el manchado, y aunque lo extrañé, me salió esto. Aguanten el manchado, el fútbol y la pelota.

—La dominaste re bien —me halaga Guille, un compañero de sexto, abriendo bien grandes sus tremendos ojos verdes. Aunque tiene un año más, es un poco más bajo que yo, así que tengo que bajar la cabeza para verlo. Él es el normal para su edad, yo soy la alta y gorda como King Kong. Aunque pensándolo bien, también él es un poco raro: su color de piel es como el de una tostada a punto de quemarse. Nunca vi a nadie así, digo, con ojos verdes siendo casi negro. Siempre me gustó eso de él, de toda la vida.

—Gracias —le digo con un poco de vergüenza.

Pero no todo me gusta de él, hay algo que no, ¡y es que es de Peñarol!

Pero bueno, mi mamá ya me explicó que cada uno tiene derecho a ser del equipo que quiera, que lo tengo que aceptar para que me acepten a mí también. Porque así como yo soy fanática de Nacional, otros pueden querer al Manya, aunque a mí eso me parezca una locura. Aparte es re bueno conmigo y con todo el mundo. A mis amigas Vale y Romi también les gusta. Creo que a muchas del barrio y del colegio.

—Andás volando, Milky —me felicita Rodri, y así es como dejo de pensar en el hincha de Peñarol más lindo que conozco.

—Mejor que yo. Bueno, no tanto, yo soy el mejor.

—Sí, Dami, sí... —me burlo.

—¡Te habló Guille, Milka, te habló! —me dice Vale tirándome de la túnica y del brazo. Y agrega, arrastrándome unos metros de al lado de Rodri y Dami: —Decinos *ya* que te dijo.

—Dale, nena, decí de una vez —chilla Romi en uno de mis oídos mientras me cincha también de uno de mis brazos.

—Nada, que dominé bien la pelota. Solo eso, paren un poco.

—¡Qué suerte tenés de que te hable!

—Me habla porque me conoce del campito, ustedes saben que jugaba conmigo y con Dani.

—Ya sé. ¡Es tan lindo! —dice Vale suspirando.

Romi la imita en el suspiro, y las dos siguen hablando de él hasta llegar a la clase. Yo no digo nada, ellas no saben que me gusta. No se los dije ni se los pienso decir.

Tener que hacer un razonamiento después de haber dominado la pelota es lo peor del mundo… No me puedo concentrar.

—*Hoy te vinimos a ver/ de la cabeza tomando vino,/ hoy te vinimos a ver/ y como siempre ese es mi destino,/ es mi ilusión volver a verte,/ soy bolso hasta la muerte…*

—¿Se puede saber qué estás haciendo? —me pregunta, o mejor dicho me ataca la maestra.

—El razonamiento, ¿por?

—Yo te escucho cantar.

—Ah, sí, eso también —le respondo.

—¿Te parece correcto?

—¿Por qué no? Es para concentrarme. Necesito iluminarme, los artistas necesitamos algo para poder hacer las cosas bien.

Digo eso y me tiento de la risa, no sé de dónde saqué la pavada que acabo de decir. La maestra no puede evitar sonreír, aunque solo le dura unos segundos.

—No puedes cantar en la clase, a nadie se le ocurre cantar, solo a ti.

—Ah, pero es divertido…

—No es el momento ni el lugar, tus compañeros también necesitan concentrarse y no por eso cantan.

—Mala —digo entre dientes, y vuelvo al razonamiento.

Voy a terminar este trabajo así puedo hacer tranquila la pelota de papel. A ver, tengo que sumar las tres áreas de los departamentos para saber el área total y tener el cien por ciento, y así poder calcular los porcentajes de cada uno… Tá, listo, creo que es así, y así desprolijo va a quedar. Ahora sí voy a hacer lo que yo quiero, que es jugar a ser Muslera.

En cinco minutos pude armar una bola gigante con papeles, cinta adhesiva y cascola. Para eso arranqué cuatro hojas del cuaderno y tres de la libreta de deberes, y tá, quedó perfecta. Gigante, muy pesada.

Todos mis compañeros corren a corregir el trabajo. Vale me muestra su "Correcto" como si se hubiera ganado un viaje a Disney.

—Yo lo hice igual…

—Mentira, si ni fuiste a corregir.

—¿Qué mentira? Mirá… —le muestro.

—La maestra está llamando a corregir, andá.

—Si yo ya vi que está bien lo que hice, ¿para qué voy a ir? ¿Jugás conmigo si yo me voy hasta la otra punta del salón y te tiro la pelota? Dale, ¿eh? ¿Jugamos a la pasadita?

—Ni loca, la maestra no deja.

—No me importa la maestra. Bueno, yo voy a jugar contra la pared, entonces. ¡Sos una aburrida!

—Milka, ¿tú terminaste el trabajo? —me pregunta la maestra como si supiera que estoy en otra.

—Sí, hace años.

—Años, no creo…

Me toma el pelo todavía.

—Hace rato… —bufo.

—¿Y no lo piensas traer?

—No, porque los porcentajes me dieron 15%, 30% y 55% y sé que están bien porque a Vale le dieron eso, y a ella le pusiste "Correcto". Así que, tá… —le digo y sigo con mi pelota.

—Perfecto, pero no por eso tienes que jugar a la pelota, no estamos en una cancha de fútbol.

—No estoy jugando, todavía.

—¿Todavía?

—Estaba bien el trabajo, ¿no? —le pregunto o mejor dicho le hago ver después de ver su "Correcto" en mi hoja. Vino hasta mi banco a corregirlo.

—Sí, pero guarda eso.

—A mí no me molesta tenerla acá apoyada.

—Milka…

—No la quiero guardar.

—Perfecto —me dice y me la saca. No me da tiempo a pedirle que me la deje, la agarra tan rápido que casi no me puedo quejar.

Después de apoyar mi pelota en su escritorio con el mayor desprecio del mundo, corrige el razonamiento de los porcentajes en el pizarrón. Entonces se pone a hacer el esquema más aburrido del mundo, y todo por la culpa de Varela, que hizo una famosa reforma en la escuela hace como doscientos años, y las maestras todavía la siguen festejando. No exagero si digo que el esquema era más largo que la propia Biblia. ¡Horrible! Casi muero copiando.

—¿Me das la pelota? —le pregunto a la bruja interrumpiendo su explicación sobre la laicidad.

—Milka, estoy explicando.

—¿Me la das o no?

—No, cuando nos vayamos. Ahora estoy explicando.

—Pero no me importa Varela, ni nada de él, yo quiero mi pelota… —murmuro.

Bueno, un poco me importa José Pedro Varela, porque la verdad es que me gusta la Historia, aunque no lo quiera reconocer. Pero eso sí, no entiendo por qué lo estudiamos si fue hace tanto tiempo, y menos en este este colegio que no es ni laico ni gratuito. Ya me sé el versito de "laicidad, obligatoriedad y gratuidad", pero no tiene sentido en esta escuela.

Se lo digo a la maestra, porque si tengo que estar escuchando, por lo menos quiero una explicación. Ella me responde que gracias a la reforma de Varela, todos los niños uruguayos pudieron educarse, sin importar su religión, ni los recursos económicos de las familias, y así la educación se volvió un derecho de todos. Agregó que, con eso, José Pedro fundó las bases de la educación primaria en Uruguay, o algo por el estilo. No digo nada, porque si lo hago, tengo que reconocer que Varela sí fue un genio y estuvo re bien lo que hizo.

Al final, me siento una egoísta por pensar solo en este colegio y no en todas las escuelas donde van otros niños que también tienen derecho a aprender.

—Maestra, ¿me das la pelota? La guardo en la mochila si me la das, ¿eh?

Ahora se lo pregunto parada frente a su escritorio. Necesito que me la devuelva, me quedó demasiado bien como para que se la quede.

—No, a la hora de la salida —me dice de nuevo, y gira hacia el pizarrón. Creo que disfruta haciéndome esto.

Pude dejar de pensar en la bola porque hicimos un trabajo de reglas de tres que me copó, era sobre el porcentaje de inmigrantes que vive en Uruguay. Y después, como hoy se conmemora el "Día Mundial de la Discriminación Racial", la maestra nos habló sobre un señor llamado Martin Luther King, y la verdad, fue interesante conocer su historia, porque fue valiente luchando contra todo el mundo.

Llegando al portón, la bruja me devolvió la pelota… y menos mal, porque estaba a punto de robársela, aunque no hubiese sido un robo porque la pelota era mía.

Ahora, en mi casa, me peleo conmigo misma: una parte de mí sabe que tiene que hacer los deberes y está juntando fuerzas para eso, pero la otra prefiere ponerse a hacer cualquier otra cosa. Y bueno, mientras me decido, juego un poco con Donna, que desde hace rato me lame las manos sin parar.

No paro de pensar en todo lo que la maestra nos contó sobre Martin Luther King. Fue un hombre negro estadounidense que murió asesinado en los años ´60, por luchar por los derechos de las personas negras. ¡Qué injusto! Terminó muerto solo por querer vivir mejor, por querer una vida con derechos, tanto para él como para todos los negros de su país. Todos los negros del mundo sufrieron y aún sufren discriminación por su color de piel. Él peleó en forma pacífica, lo hizo sin violencia, con marchas contra las personas que lo atacaban y perseguían.

No sé si de casualidad o qué, pero en el salón hay un cuadro que tiene una frase famosa de este señor. Antes de saber nada de él, me quejé por tener que copiarla, no porque fuera larga, porque tampoco ocupaba tres carillas, pero ya eso de pensar que tenía que escribir prolijo y sin faltas, me mataba. Para mí, es lo mismo prolijo o desprolijo, si igual lo que importa es lo que dice, un subrayado más o uno menos no cambia eso, pero las maestras no opinan lo mismo. Son todas iguales, porque si solo fuera un capricho de esta maestra me podría quejar, pero todas molestan con la prolijidad… Tendría que mandar yo en la clase.

Pero en fin, la frase me dejó pensando (aunque no parezca, yo pienso). No sé, nosotros los seres humanos (no yo, otros obviamente, yo no sé hacer nada) construimos aviones para poder volar, barcos y otros vehículos para poder ir a todos los lugares del mundo. Evolucionamos mucho en tecnología, porque antes no había ni luz eléctrica, ni teléfono, ni televisores, menos computadoras, y ahora hay de todo. Sin embargo, no estamos en paz, las guerras siguen, las peleas entre los países cada vez son más, mueren muchas personas asesinadas, otras de hambre. No entiendo.

Tiene razón Luther King con lo que dice en su frase: "Hemos aprendido a volar como los pájaros, a nadar como los peces; pero no hemos aprendido el sencillo arte de vivir como hermanos".

Cuatro

En el manchado, hoy pude embolsar cada uno de los pelotazos que recibí, al mejor estilo Fernando Muslera, y por qué no decir, al mejor estilo Iker Casillas, Manuel Neuer, Keylor Navas o Sebastián Viera. Pero lamentablemente alguien hizo sonar la campana y terminó con nuestro recreo, así que ya estamos todos en la clase.

Ahora ya no me parezco ni a Nando ni a Iker, ni a ninguna golera (si es que existe alguna golera que juegue profesionalmente al fútbol). Ahora soy Milka, alumna que tiene que hacer trabajos, ¡y eso es tan aburrido!

Aunque podría hacer una pelota de papel, de esas grandes que hice el otro día. Supongo que los mejores goleros del mundo comenzaron practicando sus atajadas contra alguna pared. Quizás Muslera comenzó así, agarrando pelotas que él mismo se hacía rebotar, o incluso los ex goleros Rodolfo Rodríguez y Manga, que según mi papá fueron los más grosos que tuvo el Bolso, quizás arrancaron atajando pelotas de papel que fabricaban en la clase cuando se aburrían...

—¿Milka? —me interrumpe la voz de la maestra. A veces pienso que no sabe otro nombre.

—¿Qué?

Ya había comenzado a imaginarme a varios de los goleros que veo todos los fines de semana de túnica y moña, o corbata, atajando las bolas de papel.

—Tu prueba...

—Ah —digo volviendo a la realidad del salón.

"12/12 Nivel Superior". Debería estar contenta. Pero copié. Y no merezco esa nota. No es mía.

¿Qué hago? Esto está mal, tengo que decir la verdad.

—¿Te sacaste 12/12? —me pregunta Andrés, justo cuando yo voy a gritarle a la maestra que copié.

—Sí, pero porque miré las respuestas del cuaderno.

—Eso es trampa. Le voy a decir a la maestra.

—¡Sos un buchón, nene!

—Y vos sos una gorda tramposa.

—¡Maestra! —grito desde mi asiento, ignorando al mal compañero que tengo al lado. Seré gorda pero no mala compañera, y menos tramposa.

—Milka… —dice levantando la mirada de sus hojas.

—Quería decirte que copié en la prueba, miré algunas respuestas del cuaderno. Bah, algunas no, casi todas…

Tengo las cuarenta caras sobre mí. Siento algunos murmullos, y los cachetes me explotan de calientes.

—Valoro tu sinceridad, valoro que me lo digas, pero ahora esa prueba no tiene ningún valor para mí.

—Por eso te lo digo, yo no quiero sacarme buena nota copiando.

Mis compañeros me miran un rato más, pero no dicen nada. Andrés todavía me observa de reojo sin entender por qué lo confesé, y de Vale, acabo de recibir una carta que dice que tendría que haberme quedado con la nota. Pero yo no pude, y antes de que me quemara Andrés, era mejor decirlo yo. Porque al final, copiar no tiene sentido, no es algo sincero, es mentira, es una truchada. (¡Pila sinónimos metí! ¡Ando volando en lenguaje!).

Estoy segura de que a la bruja le molestó un poco que haya copiado, pero a la vez le gustó que se lo haya dicho. Yo me sentí mejor. Tanto trabajo me dio copiar, ¡qué tarada soy!

Voy a hacer la pelota de una vez…

Cuando todos salieron del salón, incluida la maestra, y están formando la fila en el pasillo para bajar la escalera, yo todavía estoy guardando los útiles en la mochila, porque cuando el resto lo estaba haciendo, la vieja, digo, la maestra, me estaba rezongando por quejarme de los deberes, o algo así, y no me dejaba guardar nada.

Cuando por fin termino, y estoy a punto de salir de la clase, se me ocurre una idea muy genial: dejarle un regalito a la maestra en el pizarrón, un lindo cartel. No lo dudo y le escribo "VIEJA LOCA".

Yo pensé que hoy nos íbamos a llevar bien porque ella no me había rezongando por copiar, y eso me gustó de ella… Pero no, se vengó de mí toda la mañana culpándome de cosas que no hice, inventó que le hablé mal, que le falté el respeto y nada que ver. Así que el cartel es una buena forma de decirle lo que pienso: que está re loca.

Lo mejor es que va a saber que fui yo pero no va a tener pruebas para demostrarlo, y eso es lo más emocionante.

Cuando termino mi obra de arte, y estoy saliendo del salón, la bruja Gladys vuelve, yo termino de salir y voy a formar la fila, ella entra, y a los dos segundos me llama.

—¿Qué es esto? —me pregunta furiosa.

Iba a contestarle que yo veía dos palabras escritas con tiza blanca en la punta derecha del pizarrón, pero me pareció que si se lo decía, me iba a terminar matando de verdad. Así que le respondo:

—Eso que estás leyendo.

—¡Tú lo escribiste!

—¿Yo? Yo no.

—¡Milka!

—Yo no fui.

—Fuiste la última en salir y demoraste, y yo fui la penúltima, así que fuiste tú.

Lo niego un par de veces más, y lo disfruto. Yo sé que ella sabe que fui yo, y ella sabe que yo sé que sabe (un trabalenguas armé), pero quiere que lo admita. Si yo acepto que fui yo, ella puede llamar a la directora o hacer lo que quiera conmigo, pero si lo niego, no. No hay ninguna prueba que me inculpe, y yo no lo voy a admitir.

—¡Milka!

—¿Qué? Yo no fui.

Resopla un par de veces, toma el borrador con tanta fuerza que pienso que va a darlo contra el pizarrón o peor, contra mi cabeza, pero no, solo termina con la palabra que estaba escrita, se da media vuelta y sale del salón. Eso sí, con un fastidio difícil de imaginar.

Capaz, si yo me hubiera guardado lo de la prueba, ella me hubiese empezado a querer un poco.

Cinco

Todo comenzó hace una hora, o quizás dos (en la dirección se pierde la noción del tiempo). En realidad, nada nuevo, lo mismo de todas las mañanas, aunque supongo que hoy las consecuencias para mí van a ser peores.

La maestra me quiere pegar, de eso estoy segura. Si fuera un dibujo animado, le saldrían rayos de los ojos y humo de las orejas. Tiene los puños apoyados en la mesa, como si necesitara mantenerlos ahí para no cometer ningún delito. Habla, habla y habla, ya no sé lo que dice, aunque sus gestos son claritos, sé que con cada palabra suya me hunde más. La directora la mira con cara de nada, con cara de piedra, con cara de que lo mejor es expulsarme del colegio, pero se mantiene callada.

—No fue tan así —digo apenas puedo.

—¿No fue tan así, Milka? —ironiza la maestra—. Y el viernes pasado, ¿tampoco saliste de gimnasia diciéndome un disparate? Vino una compañera tuya asustada a decirme lo que me habías dicho cuando yo estaba dada vuelta —le explica con furia a la cara de hormigón, que abre los ojos como un plato hondo.

"Vieja botona", le dije, y no le erré… Pero ¿por qué sale con esto ahora?

—Vamos a llamar a la mamá y le vamos a proponer que Milka comience terapia —sugiere la directora.

—Sí, ya lo hablamos con la mamá y ella está de acuerdo —dice la maestra. ¡Y yo me acabo de enterar!

Tengo ganas de decirles "Hola, sigo acá", porque hablan como si yo no estuviera. Dicen la palabra psicólogo como veinte veces, hasta que yo exploto:

—¡No, a un psicólogo, no!

Pero mi opinión no cuenta ni ahí.

Mi mamá recién llegó y las apoya. Estoy en el horno.

Pienso en el fútbol y lo veo tan lejos... Chau a ir a jugar, chau a ser feliz. Me cuesta seguir la conversación de las tres malas que me acusan de no prestar atención, de estar en otra y de que no me importa. Tienen razón en todo, ya me perdí de nuevo. Bah, no, no me perdí, lo que en realidad me pasa es que me pudrí de escuchar mi nombre solo cuando dicen que hice algo mal.

No quiero ir al lugar de los locos, pero mi mamá arregla todo apenas llegamos a casa. Mi padre también me llama para decirme que es lo mejor para mí. No insiste demasiado, y yo me doy cuenta de que ni él está convencido de que vaya. Estoy segura de que mi mamá le rogó que me llamara. A mi papá le digo que sí, que voy a ir, pero que no quiero hablar de eso. Tiro la palabra "Nacional" porque siempre funciona, él es como yo, le nombras al Bolso y no hay vuelta atrás, el resto del mundo puede esperar.

—Encima que no voy a jugar en Nacional tengo que ir ahí, no es justo.

—Pero escuchá, hija, vas a la psicóloga, te ayuda y después jugás al fútbol. Ojalá en Nacional, o en La Celeste, ¿quién te dice?

—Jugar con La Celeste, ufff... Sería, no sé, lo máximo del mundo entero. Nacional y Uruguay... ¡Mi sueño!

—Por eso, hijita, por eso... Vos sos inteligente, vos la tenés más clara que todos nosotros juntos, y a veces hay que, bueno...

Me quedo pensando un buen rato en lo último que me dijo mi papá, y quizás tenga razón y solo tengo que seguirle la corriente a todos para dejarlos felices y listo, el fútbol va a venir solo.

Pero no sé si puedo, a mí no me sale actuar, no sé fingir. Si algo me molesta, me enojo enseguida, si algo me gusta, también se me nota, mi madre dice que soy *transparente*. Esto de la psicóloga a mí me molesta. Me enoja saber que mañana mi madre va a ir a hablar de mí con otra señora que no me conoce y que además atiende a locos. Aparte, tener que ir a una psicóloga porque en el colegio piensan que yo soy la mala, la atrevida, la rebelde, y todo porque actúo como yo creo que está bien, como tengo ganas, no es justo.

Bueno, basta de pensar en eso ahora, hay una compañera dando una clase de aves, y aunque la verdad, es aburrido, y ella no para de trancarse, no tengo otra que escucharla o parecer que lo hago, por lo menos.

No entiendo nada de estos bichos que vuelan, no sé nada ni de sus alas ni de sus picos, ni me importa tampoco. Pero en algo le voy a dar la razón a la bruja, no todo en la vida me va a interesar, y sí está bueno saber de todo, pero... Hace un rato que me estoy repitiendo esto para no ponerme a cantar, pero mis manos dan golpes solos en la mesa como pidiéndome "por favor, una sola de Nacional y después la escuchás, dale, seguí el ritmo de tus manos y cantala de una vez...".

—*Vamos, vamos Nacional,/ a vos te quiero, vos sos mi vida,/ vamo a la cancha a alen...*

—Shhh —quiere callarme una compañera.

—No me digas "shhh" que no sos una lechuza...

—Callate, quiero escuchar. Sos insoportable...

—Dejala que cante, si a vos no te molesta —me defiende Rodrigo.

—Toma pa' vos —digo, feliz por haber sido defendida.

Pasan dos minutos y vuelvo a cantar dando los golpecitos en la mesa. Los hago porque a mí nadie me manda. Y porque necesito sentirme cerca de la cancha. Cerca de mi pasión, de mí misma.

—*Vamos, vamos los bolsos/ ponga huevo para ser primero,/ yo te sigo alentando,/ no me importa en qué cancha juguemos...*

—Shhhhhhh.

—Dejame en paz, hacé tu vida, m´hija.

—¡Maestra, maestra! Milka no para de cantar y hacer ruidos. No escucho nada de lo que dice Lucía —me buchonea la lechuza.

—Pero qué alcahueta sos, nena…

—Milka, por favor, está Lucía aquí adelante… —me observa la bruja.

—Sí, ¿y? Yo la estoy escuchando, pero ella… —digo señalando a la alcahueta— lo único que hace es decirme "shhh" cada dos segundos.

—Digo "shhh" porque vos molestás cantando.

—Sí, pero canto con mi voz, no con la tuya, así que no es tu problema…

—Pero molestás a todos.

—Voy a cantar todo lo que se me antoje, m' hijita…

—Sí, pero afuera —me corta la maestra, y abre la puerta.

—No, ¿por qué? ¿Por cantar? Si estoy cantando bajo… Si ella no te decía, vos no te enterabas. A Lucía la estoy escuchando igual.

—¡Qué suerte que la puedes escuchar igual!, tus compañeros no, y yo estoy haciendo un esfuerzo enorme para hacerlo. Es una falta de respeto hacia todos. ¿A ti te gustaría estar aquí delante y que todos cantaran?

—Yo qué sé…

—No, no te gustaría.

¿Cómo puede saber lo que me gustaría o no, si ella no está en mi cabeza?

—Ya está, no canto más, en esta clase todo es una falta de respeto.

—No vuelvas a cantar. De lo contrario, afuera… —dice, y vuelve a señalar la puerta.

—Voy a hacer lo que quiera —digo más alto de lo que hubiera querido.

—¡Milka! —grita desquiciada.

¿Cómo puede oírme siempre?

—¿Qué? —digo, y señalo a Lucía—. Ella quiere seguir.

—Pero vos no cantes —vuelve a la carga la lechuza.

—Con vos no estoy hablando, ¡lechu!

La bruja me observa como siempre lo hace, con cara de "te odio mucho", y luego vuelve a rezongarme haciendo su gesto preferido, tan mandón: primero, une el pulgar con el índice formando un círculo, después estira los otros tres dedos y va bajando y subiendo la mano mientras habla, como afirmándolo por si no es clara. Siempre que lo hace me pierdo lo que dice, porque me marea.

—¿Entendiste?

No tengo la más pálida idea de qué tenía que entender, pero le digo que sí, total...

—Sí, sí, dale...

Cuando Lucía continúa con el oral, me saco la duda con Joani:

—¿Qué fue lo último que me dijo?

—Que si volvías a cantar, te iba a mandar a hablar con la directora.

—¡Ah, qué miedo!

No sé por qué me hago la que no me importa o la que no tengo miedo, si sé que no me conviene que la maestra cumpla su amenaza. Ella logró que mi mamá me mandara al psicólogo. Ella puede, si quiere, dejarme sin recreo hasta fin de año. Tiene el poder de sacarme de la clase con o sin motivos, puede poner en mi carné más carteles como el anterior: "Su actitud frente a las personas es agresiva e irrespetuosa". Que está logrando, por ejemplo, que no juegue al fútbol en Nacional. No, no tendría que desafiarla tanto. Pero me saca.

Tengo que portarme como ella quiere, no tengo que contestarle mal, ni discutirle nada. Y por más que yo tenga razón (que siempre tengo) le tengo que responder "sí, maestra" o "no, maestra", según sea el caso. No tengo que cantar, ni jugar a ninguna cosa, tengo que ser una alumna buena, porque aunque me dé bronca, todo depende de sus palabras. Mi comienzo en el fútbol está en sus manos. En su voz, mejor dicho.

Voy a hacer el esfuerzo de ser una santa, solo para que la maestra le diga algo bueno de mí a mi mamá y ella cumpla con lo que me prometió.

Ahora, por ejemplo, sería un gran momento para cantar, porque la verdad es que ya no tengo ni la excusa del oral para no hacerlo porque ya terminó, la maestra hace un esquema de lo que dijo mi compañera y es solo copiar, cantar una canción de Nacional sería la mejor compañía, pero no, no voy a hacerlo.

"No, Milka, controlate", me repito cada dos segundos y sigo copiando, aunque me está costando demasiado. Algunos de mis compas son unos cracks, quiero ser como ellos y estar tranquila sin que me cueste tanto, sin que sea una tortura. Debería escribir cien veces "Milka, no seas boba, portate como la gente quiere y listo", capaz que así se me graba del todo y logro ser una "buena niña", aunque sea por conveniencia, aunque sea por vestir la más gloriosa, aunque sea por lucir mi escudo en mi pecho.

Cierro los ojos y puedo verme con la camiseta de golera roja de Nacional, el short azul con el número 1 blanco en la pierna derecha y el escudo en la otra, y supongo que en la parte de atrás de la camiseta está el 1 bien grande y mi nombre escrito, pero no puedo verlo. Tengo medias azules hasta las rodillas y mis guantes son blancos.

También puedo imaginar a las rivales, son amarillas y negras, son de Peñarol y les quiero ganar. *Y vamo' los Bolsos/ ponga un poco más de huevos,/ y vamo' los Bolsos,/ vamo' a salir primero...*

—¿Otra vez? ¿No te advertí que si seguías cantando te ibas para afuera?

—Sí, pero como ya escuché todo sobre los pájaros, me dieron ganas de cantar, y listo, canté.

—¿Siempre haces lo que quieres?

—No, no siempre hago lo que quiero. Ojalá, pero no. Lo que más quiero en el mundo es jugar al fútbol en Nacional, y no lo estoy haciendo, así que no, no siempre —Lo digo a los gritos, y cuando me escucho, yo misma me sorprendo.

Todos me miran con cara de "¿y eso qué fue?". No sé qué decir, y ni yo me entiendo. Siempre hago y digo muchas cosas en la clase, porque tengo una respuesta para todo. Y ahora, en un arranque de locura, acabo de gritar con todas mis fuerzas mi deseo más grande. Lo único que quiero es que me trague la tierra.

Mis compañeros ya no se asombran de nada, ni de que le discuta todo a la maestra, pero este grito fue loco.

—¿Te exorcizaron que gritaste así? —me pregunta Rodrigo, divertido. Todos se ríen, creo que la bruja también.

—No, y ya sé que no estoy en una cancha de fútbol, ni en un recital. Pero tá, no sé... ¿Puedo ir al baño? Me duele la cabeza, me quiero mojar —digo intentando huir.

—Sí, puedes ir —me dice la maestra, y me salva la vida.

Quiero salir corriendo de la clase, pero me voy en cámara lenta, no quiero mirar a nadie, pero los miro a todos. Mis compañeros deben de pensar que estoy más que pirada.

Seis

—Creo que si no cambiás, no vamos a poder seguir siendo amigas —me dice Romi de repente, mientras se acomoda en uno de los puff que tengo en mi cuarto.

—¿Lo qué, nena? —le pregunto sentándome en la cama y poniéndole pausa a la carrera de motos del Play Station—. No entiendo lo que decís, ¿cómo que no vamos a poder ser más amigas?

Vale la mira de reojo: me doy cuenta de que ella sabe de lo que Romi habla, y eso me da más bronca.

—Vos ya sabes todo, ¿no? ¿Hablan a mis espaldas, ahora? Eso no es de buenas amigas.

—Me contó cuando veníamos para acá, no te enojes.

—Es que mi madre no te quiere, Mil...

—Pero no te pongas mal, porque yo siempre voy a ser tu amiga, mi madre sí te re quiere —me aclara Vale desde el otro puff, y cada vez entiendo menos.

—¿Cómo sabés que no me quiere? —le digo a Ro.

—Porque la escuché. Es que, por lo que dijo, o cambiás en la escuela o me va a separar de vos... No sé, tenés que dejar de decir malas palabras y hablarle mal a la maestra. Y capaz que dejar de hablar de fútbol, porque a mi mamá no le gusta eso.

—¿A quién se lo dijo?

—A las amigas. Ayer se juntó a merendar en la casa de la madre de Andrés, con la mamá de Dami y otras más. Yo fui para charlar con Patricia, pero cuando escuché desde el cuarto de Andrés y de Pato que estaban hablando de vos, me pegué a la puerta...

—Y grabó la conversación con su celu...

—¡Valentina! —la reta Romi—. Quedamos en que eso no se lo íbamos a decir, ahora la va a querer escuchar.

—Perdón, se me escapó.

—¿Y por qué no querés que la escuche?

—Porque dicen cosas feas, Mil… Ya te dije lo más importante, lo que dijo mi madre.

—Quiero escuchar ese audio. Si todas hablan de mí, tengo derecho a oír qué dicen.

—No, Mil, no quiero que te pongas mal. Ellas son viejas y exageran todo.

—Dejala, Romi, es lo justo, yo también querría oír si hablaran de mí.

Aunque niega con la cabeza un par de veces, termina accediendo, y activa el audio:

—*No, ni hablar, yo no quiero por nada del mundo que mi hijo juegue con Milka porque es atrevida, grosera y contestadora. Yo ya le dije a mi esposo: donde Andrés venga con malos modos de la escuela o comience a decir malas palabras por culpa de sentarse al lado de ella, voy a ir inmediatamente a hablar con la maestra para que me lo cambie de lugar. Yo le tengo prohibido a Andrés decir malas palabras, y te digo una cosa: yo no me maté criando once años a mi hijo para que se convierta en un grosero, y menos por culpa de esa maleducada. Como que me llamo Pilar que voy… Yo no sé la madre…*

—*…la madre de Milka es un desastre, Pilar, si vos ya sabés, la deja hacer todo lo que ella quiere…*

—Esas eran las voces de las madres de Andrés y de Seba —me aclara Romi poniendo pausa.

—Sí, ya sé, poné *play.*

—No, ya está, ya escuchaste decir por esas brujas muchas cosas feas…

—¡Poné play, Romi, por fa…!

—Está bien, como quieras.

—Ya sé, Lourdes, y era de esperar, si la tuvo siendo una niña, no tiene autoridad sobre la chiquilina, y se divorció enseguida del padre de Milka. ¿Para qué tendrán hijos siendo adolescentes, y encima si se van a separar? ¡Dios mío! Yo estoy segura de que Milka no debe ni ver al padre, y es por eso, que es así...

—Y sí, ¿qué quieren, también? Es como dicen: madre joven, padre lejos y capaz que ausente, ahí tenés el resultado... Pero bueno, mi hija no tiene la culpa, y la pobre maestra, menos, ¡pobre mujer, qué bravo...! Solo la madre de Valentina, de Rodri y de Leonela la soportan...

—Esa es tu madre, ¿no? —le pregunto a Romi.

—Sí —me responde con vergüenza.

—Mi madre sí te quiere, Mil —interviene Vale—, ahí lo dijo la madre de ella.

—No quiero escuchar más. Tenés razón, Romi, es horrible, hasta se meten con mi mamá. ¿Por qué son así? Si nosotras no les hicimos nada.

—Yo te avisé que decían cosas malas... Ya está, voy a borrar el audio.

—Pero pará Ro, todavía falta la parte en donde tu madre dice que no quiere que seas su amiga. Al final, era eso lo importante... Ya viene esa parte, habla otra madre y enseguida lo dice.

—No, Vale, basta. Milka no quiere escuchar más.

Pero yo termino aceptando:

—Poné, dale. Total...

—Exacto, es por eso que estoy evaluando si ir a hablar con la maestra ahora o esperar un poco más. La quiero a esa nena bien lejos de Andrés.

—Tenés toda la razón, Pilar, y si yo fuera vos, iría ahora mismo a pedirle que lo cambie de lugar. Además, es tan poco femenina... Y mi Romi la quiere, ¿podrán creer? Dice que es buena con todos, que es graciosa y que las peleas con la maestra es problema de ellas, que Milka es valiente y que así va a cambiar el mundo. Así que yo

también estoy pensando en que deje de juntarse con Milka, aunque mañana va a ir a su casa, porque mi marido le dio permiso.

—Le está llenando la cabeza, tené cuidado.

—¿De quién hablan? Se van a envenenar con tanto veneno.

—Terminó. El último era el papá de Andrés —me aclara Vale.

—No llores, Mil —me pide Romi dándome un abrazo—. ¿Sabés algo? Ya sé, mirá: si nos separan, nos vemos a escondidas y listo.

—Sí, pero casi todas las madres me odian, y yo no soy mala. Hasta se meten con mis padres…

—No, obvio que sos mala, por algo sos nuestra amiga, pero a veces decís cosas que no tenés que decir…

—Sí, Vale, pero…

—Yo sabía que no era buena idea, Vale, ¡mirá lo que logramos…! Al final es tu culpa, vos le insististe con que escuchara.

—Milka, ¿qué pasa? —pregunta mi madre entrando de golpe.

—Nada. Me duele la cabeza.

—No me mientas, vos no llorás por eso.

Estuvo un rato insistiendo pero no le dije nada. No quiero que ella sufra por mí.

Siete

¿Por qué todo es así? ¿Por qué todo tiene que ser tan difícil?

Para mí, la vida es: Nacional, el fútbol, la guitarra y mis amigos y amigas.

Ya sé que lo tengo casi todo, pero ahora una vieja loca me quiere separar de mi amiga Romi. Y es como yo siempre digo, la gente no me acepta como soy. Si me separa de mi amiga, me muero. Esa vieja y las otras tendrían que mirar sus defectos un poco y dejar de criticar tanto. Igual soy tan diferente a mis amigas que capaz que ellas me abandonan más adelante sin la ayuda de nadie. Mi amiga Vale siempre me dice que el folclore es un asco, y a mí me gusta mucho. Romi odia el fútbol. Bah, y Vale también. A mí me gusta la Historia, saber de los países, de lo que pasó en las guerras mundiales o en este territorio antes de que se convirtiera en Uruguay, pero a ellas, no, y a casi nadie de mi edad le interesa.

Como si no alcanzara con todo eso, ellas son re lindas, flacas, y yo soy horrible: peso más que mi madre y mido como 1,60, demasiado para mis once años. Mi cuerpo me estorba. Soy torpe, me doy contra todo y siento que se ríen de mí, y eso lo odio, me dan ganas de llorar o de pegarles. Capaz que, además, soy también bruta. No sé, es un lío pensar. Menos mal que suena el teléfono.

—Hola, hija, ¿qué estás haciendo? —quiere saber mi mamá.

—Hola, nada, estoy tirada en la cama.

—¿Qué haces en la cama a las cuatro de la tarde?

—Nada, mamá…

—¿Hiciste los deberes?

Odio que me pregunte por los deberes. Es mi problema si los hice o no.

—No, los voy a hacer después.

—Hacelos ahora y te quedás tranquila.

Me gustaría gritarle que los deberes no me importan, que tenerlos hechos no me hace estar más o menos tranquila.

—¿Milka?

—¿Qué? Estoy tranquila sin hacer los deberes.

—Hacelos ahora —insiste.

—Después los hago, son un segundo —miento. No tengo ni idea de qué tengo que hacer. De seguro deben ser como mil.

—Cuando llegue, quiero que los tengas hechos.

—¡Sí, ma! Ya te dije que los voy a hacer en un rato.

—¿Te portaste bien en la escuela hoy?

Esta no es la pregunta que me hacía el año pasado, ni los años anteriores, antes era: "¿Cómo te fue en la escuela?", pero ahora siempre pregunta por mi conducta, y lo más gracioso es que le tiene miedo a la respuesta.

—¿Me preguntás si no hice calentar a "la vieja"? Creo que no, creo que hoy no se calentó mucho, no sé, igual siempre me dice algo, pero creo que hoy no piró tanto, así que supongo que me porté bien, bah, como siempre, porque ella es la loca.

—Este viernes voy a ir a hablar con ella.

—Por mí... —digo haciéndome la que no me importa.

—Ponete a hacer los deberes apenas cortemos.

—Bueno, está bien, pero, ¿puedo ir a jugar con Daniel después?

—¿Con Daniel? —me pregunta asombrada.

—Sí, hace mucho que no juego con él.

—Cuando hagas los deberes, podés ir, antes no. Besos, hija.

Daniel me enseñó todo lo que sé con la pelota en los pies, y también a atajar. Él me explicó cómo pegarle, cómo hacerlo con "tres dedos" para que vaya al lugar exacto donde yo quiero, cómo darle un puntazo para arriba y cómo patear con el empeine fuerte y con dirección. Y como golera, me enseñó a poner bien las manos si la pelota viene fuerte, cómo saltar y embolsarla en el aire, cómo tirarme estirando los brazos y poniendo las piernas de forma tal de no lastimarme, y a sacarla con los puños cuando viene muy alta y no puedo atraparla. También me explicó cómo marcar, me dijo que en el fútbol hay dos formas de sacarle la pelota al rival: o de forma legal, sin cometer faltas, o dándole alguna patadita en el tobillo, o en alguna otra parte si es necesario, si no se la podés sacar por las buenas. A veces no queda otra que usar la segunda forma, aunque cuidando al otro o la otra de que no se lesione.

Un capo, el Dani. Yo fui dejando de jugar, y hace mucho tiempo que no vamos al campito, supongo que me alejé para no jugar más al fútbol, porque con él estaba horas y horas, y yo ya no quería escuchar los comentarios de la gente criticándome, ni los de las viejas chusmas. Creo que fui una tonta, porque lo extraño a él y al campo donde jugábamos.

Voy a hacer los deberes porque hoy, como sea, tengo que ir jugar con Daniel. Espero que él quiera.

A ver, tengo que trazar unas figuras, resolver las áreas y los perímetros, también calcar un mapa fácil y estudiar algo del relieve de no sé qué país. Ufa... ¿Cómo podría yo querer a esta maestra? ¿Cómo podría llevarme bien con esta bruja? Muchos deberes, demasiados. Con razón me porto "mal".

El campito está lindo como siempre. Bueno, no sé si lindo, lindo, porque no tiene casi pasto y está lleno de pozos. Pero yo lo quiero, para mí es perfecto. Dani me tira la pelota casi sin dejarme llegar a las piedras que marcan el ancho de lo que quiere ser un arco, pero igual la atajo.

Jugamos dos horas, aunque hubiera jugado hasta la madrugada si no fuera porque Dani se cansó.

—Estuvo re bueno, te atajaste todo, aunque te metí tremendos golazos, también, ¿eh? —me dice mi amigo tirándose en el pasto.

—Andá… No metiste nada… Che, Dani…

—¿Qué?

—¿Soy rara yo? —le pregunto tirándome a su lado.

—Emmm, yo qué sé… ¿Rara, cómo?

A los hombres hay que explicarles todo, nunca entienden nada. Aunque a Dani, más. Su madre dice que es lento, yo no sé si es cierto ni me importa.

—Claro, nene, si me ves una niña rara o diferente a las demás.

—No, yo que sé…

—Pero, mirame bien… ¿Te parezco fea o linda?

—No sé, te veo como mi amiga, como siempre.

—Pero soy muy alta y muy gorda.

—¿Y? Yo tengo las orejas como Dumbo. Ojalá fuera alto como vos. Y si sos gorda o no, ¿te importa eso?

—Un poco.

—Adelgazá y listo.

¡Cómo si fuera tan fácil!, pienso, pero no lo digo.

—Tenés razón… Pero pará, ¿a vos te parece raro que me guste tanto el fútbol siendo mujer?

—El fútbol es lo más. A mí me parece rara la gente que no le gusta, porque a mí me encanta.

—Te pregunto porque a mis amigas no les gusta. Bueno, a Gime sí, pero con ella ya no juego más, o sea, no tengo amigas a las que les guste.

—¿Y? No te entiendo lo que me querés decir…

Por fin, me decido y se lo pregunto directamente:

—¿Te parezco machona?

—¿Ehhh? No, no sé. ¿Por qué me preguntás eso?

—No, por nada.

—A mí me parecés Milka, para mí sos mi amiga Milka.

—Bueno.

—¿Qué? ¿Te dijeron machona?

—No, a la cara no, pero estoy segura que la gente lo piensa, y yo no quiero que me vean así…

—Pero si lo fueras, sería tu problema.

—Obvio, no estoy diciendo que sea algo malo, pero no lo soy, a mí me gustan los varones…

—Sí, ya sé, te re gusta Guille, ese más que ninguno…

—¡Callate la boca! No digas nunca más su nombre. No es él quién me gusta, no sé de dónde sacaste eso… Igual no te voy a decir de quién gusto ni ahí, nunca.

—Gustás de él, siempre te gustó.

—Nada que ver…

—Si vos decís… Pero te pusiste re colorada hablando de él.

—Es por el sol, nene, estamos abajo del sol, vos estás re colorado, también… Decís cualquiera, ¿eh…? No, no te rías, en serio, re inventás… ¿Jugamos un poco más así dejas de decir cosas que no sabés?

—Jugamos, obvio, pero yo sé todo de vos… Y aparte, hasta Guille debe saber, estoy seguro, y muchos más de la escuela y el barrio, también. Se te nota.

—Callate y jugá. Yo le quiero pegar, atajá vos —digo y salgo corriendo con la pelota dominada. Tengo mucha vergüenza como para seguir hablando.

Daniel sabe, y según él, Guillermo, también. ¡Qué pegue! Encima a Guille le gustan las otras niñas. Las lindas, no las como yo.

Ocho

—Hola, Milka, esta fila es para sacar los libros, ¿no? ¿Y este qué hace acá? ¡Qué peinado loco de pelos parados tiene hoy! ¡Le queda re copado!

—Ah, hola… Sí, yo soy la última. Pero vos y tu clase ya sacaron libros ayer, o sea, no podés sacar de nuevo.

—No, jugadora de fútbol y bolsilluda, yo no saqué ayer porque falté. ¿Me dejás? —dice Guille y sonríe divertido.

—Obvio, yo no soy la dueña.

—Bueno, entonces ahora el último de la fila soy yo.

—Dale… —le digo hundiéndome de hombros, como si no me importara, cuando en realidad me encanta que se quede acá conmigo—. Ah, y no soy jugadora…

—¡Qué lástima! Siempre jugaste re bien, y el otro día en el recreo la dominaste mejor que nunca, como Recoba cuando jugaba.

—Gracias, pero prefiero que me digas por mi nombre o bolsilluda, no jugadora. Y de ser el Chino estoy re lejos, él fue el mejor.

—Perdón, Milka bolsilluda, no te digo más jugadora, pero ¿por qué no jugás más en el campito con nosotros? Gime sigue yendo… o sea, sos buena, tenés que volver…

—Por ahora no, no es tan fácil.

—Es porque te portás mal acá en la escuela, ¿no?

—Algo así. —Le doy la explicación más fácil, la otra me pone mal.

—Portate bien, entonces. Cuando venías, estaba bueno. ¿Te acordás cuando le tapaste el penal a Lucas al final de aquel partido que íbamos ganando 3 a 2? Lo atajaste y ganamos por vos. Te dio en la cara, sangraste de la nariz, pero ganamos, ja.

—Sí, me acuerdo. La sangre fue lo de menos. ¡Ese día fue el mejor de mi vida! Ahí me convertí en la golera Milka ataja penales.

—Milka, te dije última, no penúltima… —escucho decir a mi maestra, que apareció como siempre, de la nada, como un fantasma, y me dejó re pegada con Guille.

—Es que yo llegué después —se adelanta a decir él. Y yo solo tengo que mirarla con cara de "no me hinches, vieja".

—¿Me haces el favor de dejarle tu lugar?

—Bueno —le responde sin entender mucho, pero poniéndose delante de mí.

—Gracias —le dice ella sintiéndose triunfadora, y se va.

Yo revoleo los ojos y Guillermo se ríe.

—¿Por qué parecía tan enojada tu maestra con vos?

—Ah, pero eso es lo normal en ella. Siempre está así conmigo. Igual, ni que fuera la gran diferencia, última o penúltima, ¿no?

—Dale, contame, si siempre estás sin recreo, algo debés hacer para que se enoje.

—Gracias por recordarme que casi nunca tengo recreo. Ella está loca, es eso. ¿No me creés que soy una santa?

—No, ni a palos. Todos sabemos que sos terrible, pero divertida. De seguro te mandaste una re grosa, se enojó y por eso te quiere última sacando el libro.

—Es que en realidad me tocaba ser la primera hoy y acá me ves, re última. Pero por mí mejor, se piensa que me castiga y ahora voy a demorar más en volver. ¡Mirá! A la que le tocaba segunda y fue primera, ya va a sacar y tiene que volver a la clase. O sea, me encanta sacar libros y capaz que cuando vaya, ya no va a quedar ninguno bueno, pero tá...

—A mí también me gusta leer. Pero dale, decime por qué se enojó, no des más vueltas, parecés Viudez, pero en vez de en la cancha, hablando.

—No te metas con el Taba… Se enojó porque canté dos canciones de Nacional golpeando la mesa. Solo por eso, y ni siquiera lo hice fuerte. Pero siempre me escucha porque tengo la voz re gruesa. Un asco. ¡Está de menos tener mi voz!

—Yo la tengo como un pito, pero como dice el periodista Kesman, ¡es lo que hay, valor!

—Ja ja, pero tu voz no es de pito, es normal…

—Nahhh, no es normal, es re fina, si mi hermano grande me carga con que parezco una bocina, pero tá, no puedo hacer nada, solo esperar a que me cambie… —dice hundiéndose de hombros y sonriendo, resignado. Continúa—: Che, eso de cantar en la clase y usar la mesa de tambor, es muy loco, pero la próxima, canciones de Nacional, no, mejor de Peñarol. Sos buena jugadora, bastante divertida, te falta ser del mejor cuadro.

—Mi cuadro es el mejor...

—Está bien, fanática, te perdono si volvés al campito.

Creo que mi cara está explotando de fuego. Soy importante para él, aunque sea como jugadora. Pero que se calle, por favor, entre lo lindo que es y encima diciendo estas cosas…

—¿Vas a volver?

—Tengo que ir al baño. Si vuelve mi maestra, decile que me metí adelante, que saqué cuatro libros de viva, y que me fui al baño después, así le conocés la cara de bruja desquiciada.

—Bueno, ja ja, pero solo si pensás en volver al campito…

—Como quieras, pero vos te la perdés enojada. Ah, y no puedo volver por ahora, entendelo.

—Pará, ¿estás bien? ¿Dije algo malo?

—Sí, re bien. No, no dijiste nada malo.

—Sos la mejor jugadora que conozco. Bueno, no conozco muchas, pero vos sos la mejor.

Me guiña un ojo. Sonrío. Le respondo con el pulgar hacia arriba.

¿Cómo él puede darse cuenta de que tengo que jugar, y tanta gente grande, mi madre y mis amigas, no? ¿Cómo puede ser?

Nueve

—Milka, no, no creo que ese sea el motivo por el cual tu mamá no te lleva… —dice la maestra.

¿Y esto…? ¿Ahora yo me convertí en el tema del día? Todos opinan de mí, de mi fútbol y mi comportamiento en la clase…

—Eso, y que vos le llenás la cabeza con mentiras —le digo para hacerla sentir mal.

—No, con mentiras no... —comienza a decir, pero la corto de nuevo: no tengo ganas de sermones.

—Tá, la cosa es que el fútbol es mi pasión y no vale que digan que es de hombres...

Ya que quieren hablar de mí, que les quede claro a todos lo que pienso.

—Mi padre dice que el fútbol es un deporte de hombres —dice Leonela.

—Pero eso está mal, primero porque no existe nada escrito que diga que es solo de hombres, y si hay, se puede cambiar. Porque a mí me encanta y quiero jugarlo, me parece injusto no poder y que otras niñas no puedan… Aparte, ya hay mujeres que lo juegan, no muchas, pero hay.

—Muy pocas —agrega Romi—, y a nadie le importa, nadie ve fútbol femenino.

Lo peor es que tiene razón. A nadie le interesa, no lo pasan por la tele abierta, a veces sí por cable, pero siempre es de países lejanos, no de Uruguay.

—Eso es lo que me molesta —digo—. Porque las cosas no tienen que ser de hombre o de mujer. Ni tampoco ser más importantes si las hacen los varones. Por ejemplo: si en el ballet, que antes era solo de mujeres, ahora hay hombres y es mixto, que haya mujeres en el fútbol tiene que ser igual de fácil que para los hombres.

—El ex bailarín argentino Julio Bocca fue muy famoso y ahora es director —agrega la maestra.

Parece que en esto me apoya. Estoy segura de que a ella tampoco le gusta que las cosas, los trabajos y las actividades, estén divididas por sexo. Pero es tan difícil cambiar esto, que creo que a veces las personas aceptan lo que les dicen para no pelear.

—Sí, por eso —insisto—, todo tiene que ser para todos y para todas. Me re calienta esto.

—Te enoja, te molesta… —me corrige la bruja.

—No, no me enoja, me re calienta... —vuelvo a decir.

—Está bien que te enojes, pero más que enojarte deberías luchar por jugar, si eso es lo que realmente quieres. Eso sí, debes hacerlo con respeto. Obstáculos siempre vas a encontrar. —Después de decirme esto, mira al resto de la clase y expresa—: Chiquilines, los sueños no son imposibles, pero se debe luchar para alcanzarlos.

Ella sigue hablando un poco más, todos la escuchamos, y creo que, por primera vez, realmente oímos de verdad lo que dice. Mis compañeros también cuentan de sus sueños. No sabía que Matías, que es tan tímido, quiere ser cantante, ni que Lucía juega al vóley y la llamaron de la Selección uruguaya sub 13 para un sudamericano, ni que Diego quiere ser capataz porque su padre trabaja en un campo. A veces, es bueno hablar un poco de cosas que no tengan que ver con la clase. Todo bien con las matemáticas, con las ciencias naturales, la historia, la geografía o el lenguaje, pero hablando un poco de nosotros, de lo que nos gusta y de lo que no, nos podemos conocer un poco más los que no somos tan amigos. Y eso está genial.

Pensando en todo lo que dijo la maestra, me doy cuenta de que tiene razón, que para que algo que queremos se haga realidad, hay que pelear, no discutiendo, sino queriendo mucho que pase y pensando en cómo lograrlo. Yo ya pensaba que era así, pero que un adulto también lo diga me gusta. Hoy siento que por fin una persona grande (raro para mí, ¡justo ella!) nos entiende un poco. Hasta me dieron ganas de ser buena en la clase.

Lo único que le faltó a la charla fue que la maestra nos hablara de sus sueños. Nadie le preguntó, y creo que ella prefirió escucharnos antes que contar. Lástima que yo no le consulté, me hubiese gustado saber.

Diez

A la hora del recreo, veo a mi madre hablando con la maestra. No sé bien para qué, pero cada quince días las dos malas se juntan para hablar de lo "mal" que supuestamente me porto. Me re enoja que mi madre venga a la escuela, porque siempre es lo mismo: la maestra le llena la cabeza con mentiras, y mi madre después se enoja conmigo y me prohíbe hacer lo que a mí me gusta. O sea, que la que pierde siempre soy yo.

Me quedo mirándolas pero no mucho, porque bueno, el manchado me espera, y entre ver a mi madre y mi maestra hablando, y jugar, elijo lo segundo. Aunque no puedo escuchar nada, sí llego a ver cómo la maestra le sonríe, y mi mamá asiente con la cabeza. ¡Y eso me parece muy loco! Creo que es la primera vez que veo a la bruja así.

Ahora, saliendo de la escuela, voy directo al bazar, quiero saber de qué hablaron, porque creo que hoy no estuvo tan mal esa charla. Por lo menos no hacían gestos enojados.

Me acerco a la caja, donde está cobrándole unos juguetes a una señora:

—Hola, ma, hoy te vi en la escuela, no te saludé para no perderme el recreo… —le digo sin vueltas.

—Hola, amor, esperá un segundo, le cobro a la señora y hablamos…

Tengo que esperar mucho más que un segundo, como cinco minutos. La señora tenía tantas ganas de conversar que le contó toda su vida a mi mamá. Le nombró todas sus enfermedades, los medicamentos que toma para cada una, también le contó acerca de sus nietas mellizas rubias de siete años, "lindas como muñecas de porcelana" según ella, y de cómo sus cuatro gatos siameses juegan con los ovillos de lana mientras ella teje. Mi madre sonrió sin ganas a todo lo que dijo, y yo estoy segura de que no le importó nada de nada, pero no le quedó otra que escucharla.

—Sí, hoy fui a hablar con tu maestra… —me dice por fin, cuando la vieja cruza la puerta.

Pienso en quejarme por todo el tiempo que estuve parada aburriéndome, pero me sale decirle esto:

—Ah, ¿y? ¿Qué te dijo la vieja, digo, la maestra?

—Que te estás portando mejor —me responde sonriendo. Yo también sonrío, porque es una buena noticia.

La maestra le dijo que estoy más tranquila en la clase, menos contestadora, que no molesto a mis compañeros cantando como antes, y otras cosas que todavía no puedo creer.

Después de escuchar esto, siento que ya no la odio tanto a Gladys, hasta creo que la quiero y todo. Bueno, no, tampoco la exageración. Es que con lo que le dijo, se convirtió en una crack, en una capa, en la uno, en la mejor, je je.

—Ma, ¿se puede querer y odiar al mismo tiempo?

—¿Por qué me preguntás eso? La verdad es que no sé.

—No, por nada…

Si le llego a decir que creo que ya no odio a la maestra, con todas las veces que me escuchó decir que sí, ¡me va a mandar a un lugar de locos!

Son difíciles los sentimientos, yo supongo que no se puede querer y odiar al mismo tiempo a la misma persona, así que no sé qué sentir. ¿Qué hago? ¿La sigo odiando o no? Qué difícil ahora que fue buena...

—Si te mantenés así, vemos lo del fútbol... —dice, y me trae de la luna de Valencia en la que estaba (esa frase la decía Martha, mi maestra del año pasado, cuando nos hablaba y no reaccionábamos).

—¡En serio!

—Sí, a fin de año.

—Ah, pero faltan casi dos meses para eso…

—Porque te portes bien una semana no vas a tener todo ya. Tenés que mantener ese comportamiento. Además no falta tanto, ni siquiera dos meses, solo un mes y medio.

—Yo sé que es porque no te convence que vaya, de seguro de acá a fin de año encontrás alguna otra excusa...

—Ah, no, no aburras con lo mismo, otra vez con el tema de que te discrimino porque sos nena, no. Si continuás bien en la escuela, a fin de año lo vemos. Ahora, Milka, tengo que seguir trabajando, tenés la comida para almorzar en la heladera. Hasta luego, mi amor, llamame apenas entres a casa —me dice dándome un beso.

Caminando a casa, pienso en la conversación que acabo de tener con mi madre y no lo puedo creer: ¡en un mes y medio voy a cumplir mi sueño! No es nada si pienso en todo lo que lo estuve esperando.

Como rápido y llamo a Daniel para contárselo:

—Dani, mi madre me va a llevar a jugar al fútbol a fin de año —le digo apenas atiende.

—Pero a fin de año se terminan los campeonatos.

—No me digas eso —le respondo decepcionada.

—Si vos eso ya lo sabés…

—No lo había pensado.

—Tenés que convencerla de que te lleve ahora.

—No, no va a querer, la condición es que me porte bien en la clase hasta fin de año.

—¡Ah, olvidate! Vos eso no podés, a la mínima que te enojes la mandás a volar a tu maestra y chau fútbol.

—Hoy le habló bien de mí a mi madre…

—¿Entonces no es tan mala?

—Es, sí —nunca voy a reconocer que no—, pero yo me estoy cuidando de que no me escuche ni me vea haciendo nada de lo que sé que le molesta.

—Bueno, si vas a fin de año, por lo menos te probás y arrancás en enero.

—Sí, estoy feliz, no puedo creerlo.

—Si querés, vení a mi casa y jugamos, golera.

—Tengo deberes, no puedo arruinar todo ahora. Los tengo que hacer sí o sí, y prolijos como quieren todas las maestras.

—Son tan pesadas las maestras, la mía también molesta con eso… Bueno, ¿y después?

—Dale, sí. Chau, Dani, nos vemos.

—Chau, pero vení. Voy a llamar a Guillermito.

—Si lo llamás, no voy. Me da vergüenza jugar con él ahora que me dijiste que piensa que gusto de él. Voy si somos vos y yo…

—Ni está en la casa, recién lo invité a jugar y me dijo que se iba a la clase de inglés y que después iba a salir con los padres… Traé los guantes porque te voy quemar las manos.

—Sí, a matar, necesito de tus pelotazos para ir preparada cuando me toque probarme. ¡Nos vemos!

Once

Hoy me hubiera gustado decirle "gracias" a la maestra, pero no me animé. Quería agradecerle por lo que le dijo ayer a mi mamá, eso de que me estoy portando mejor. Yo creo que sí, que me estoy portando un poquitito mejor, o sea, ni bien bien, ni mal mal tampoco. Pero lo raro es que ella, que me viene rezongando como de costumbre, le haya dicho que estoy mejor. Es rara la maestra, me reta y después le habla bien de mí a mi madre. Quizás esté viendo mi esfuerzo, o capaz que se dio cuenta de que en realidad era ella la que exageraba. Lo importante es que se lo dijo, y que gracias a eso yo estoy cerca de jugar al fútbol.

No voy a decirle nada, ni ahora ni nunca, porque no me sale, me da vergüenza. Si pudiera decirle a la gente las cosas buenas que siento con la misma facilidad que digo las malas, el mundo me querría un poco más.

Pero aunque no le agradezca, voy a tratar de seguir bien, no voy a hacer nada que le moleste, así dentro de un mes y medio me pongo la del Bolso. Pero además, lo voy a hacer por ella, quizás se lo merezca, por lo menos cambiando algunas actitudes que sé que no están tan buenas, como cantar las canciones de Nacional que dicen malas palabras.

Doce

—Romi, la maestra le dijo a mi madre que me estoy portando mejor, así que andá diciéndoselo a la tuya —le largo a mi amiga mientras esperamos para comprar en la cantina del cole, ella, Vale y yo.

—Sí, igual ya te dije que nadie nos va a separar.

—Igual, decíselo —opina Vale.

—Sí, tienen razón, se lo voy a decir así te quiere.

—Bolsilluda —la voz de Guille me toma por sorpresa, no lo había visto acercarse—, ¿jugás al fútbol un ratito con nosotros ahora?

Quiero decirle que sí, pero no sé...

Vale interviene:

—No, Mil, es la final del manchado contra las de sexto, dejate de fútbol.

—Sí, Vale tiene razón. No puedo —le respondo resignada.

—Ah, dale, por fa...

¿Por qué insiste tanto este chiquilín? ¿Por qué?

—No puedo, en serio...

—Bueno, está bien, jugá tu final de manchado si querés, pero otro día jugás con nosotros al fútbol. Dani me dijo que jugaste en el campito con él, así que me debés un partido a mí —dice y me guiña un ojo.

—Bueno —respondo, y siento mariposas en la panza.

—Chau —me dice, y aunque a mis amigas, no, ellas responden a coro—. Ah, chau Vale y Romi.

A Vale, ahora, las pecas se le notan más porque sus cachetes se ponen muy colorados, y Romi salta de felicidad cuando él gira y se va.

—¡Nos saludó! ¡Nos saludó!

—Sí, Romi, no lo puedo creer.

—Yo tampoco, Vale. Vamos a tener que jugar al fútbol con vos, Mil.

—¿Pero no era que a ustedes no les gustaba?

—Para estar con él, boba… —me aclara Romi.

—Claro, es muy buena idea, voy arrancar a jugar al fútbol —se convence Vale.

—¿Y eso de que es de hombres y todo lo que ustedes opinaban?

—Por Guille, Milka. Por él, cualquier cosa —insiste Valentina.

—Ustedes ni saben las reglas.

—¿Vos no querés que juguemos porque te gusta Guille y lo querés sola para vos? —sugiere Romi.

—No, nada que ver. Les enseño cuando quieran y jugamos.

—¡Te gusta, te gusta!, ¡se te cae la baba!

—Basta, Ro, callate. Vamos a jugar la final. No estoy jugando al fútbol por ustedes, vamos de una vez.

La final del manchado la ganamos. Festejamos mucho porque a las de sexto no las queremos nada, siempre nos pelean burlándose de que son más grandes y juegan mejor. Así que ganarles fue lo más.

Ahora espero sentada, tranquila, la próxima tarea. Cuando estoy así, en silencio, y quieta, no parezco yo, sino otra niña. Si mi madre me viera en esta actitud tan pacífica, se desmayaría de la emoción, y mi abuela también, las dos siempre me dicen que tengo hormigas en la cola, mi abuela agrega además que soy un "culandrillo", no sé qué es pero suena gracioso.

—Milka, vení —me llama la maestra, y yo me acerco a su escritorio.

Enseguida me cubro:

—No estaba haciendo nada malo, y ya terminé el trabajo.

—No, ya sé que terminaste y que estabas esperando en silencio. Quería decirte eso mismo: que te estás portando precioso.

—Ah —digo, y me siento incómoda con su amabilidad, pero me gusta.

—Ahora quizás tu madre te lleve al fútbol. Sería bueno porque es tu sueño, ¿no es cierto?

—Sí, sería lo más eso. ¿Le vas a decir eso que me dijiste recién?

—¿Que te estás portando precioso?

—Sí, eso.

—Claro, lógico, que se lo voy a decir.

—Gracias.

—Me gustaría que leyeras un libro que estoy segura de que te va a gustar.

¿Es real que esté siendo tan buena conmigo…?

—¿Un libro tuyo? ¿De qué?

—Sí, mío. Cuando lo leí pensé en ti.

¿Piensa en mí y todo? ¿Y para algo bueno…?

—¿Y de qué?

—De la vida de Martin Luther King. Cuando hablamos de él, participaste y dijiste que querías saber más.

—Yo ya busqué más información sobre él, pero si ese libro cuenta más cosas las quiero saber... ¡Sería lo más leerlo!

Sonríe, busca en su cartera y lo saca. Es gigante.

—Entonces te lo presto.

—Pah, es re grande.

—Puedes no leerlo si no quieres.

—No, re quiero, sí —le respondo, y casi se lo saco de la mano. Mis compañeros hace días que no entienden nada. Nos ven hablarnos bien y tienen cara de signos de interrogación.

—Gracias —le digo, y me siento.

—¡Que lo disfrutes!

No está mal llevarme bien con ella, le va a decir a mi madre que me estoy portando bien para que me lleve al fútbol, me presta un libro que dice que me puede gustar. Al final, los adultos pueden ser buenos. ¡Ella, cuando quiere, puede ser menos ogra y sargento!

—¿Y ese libro? —me pregunta Andrés.

—Es de Luther King.

—¿Te lo regaló la maestra?

—Sí, porque yo soy la uno —le miento para que me envidie.

—Igual parece re aburrido.

—No lo leí todavía, pero a vos nadie te regaló nada, ¿no? —me burlo, y me pongo a hacer el trabajo de mates.

Trece

Hoy es el día, *mi* día. El día en que voy a cumplir lo que siempre soñé, lo que quiero desde chiquita. Está soleado, apenas se ven algunas nubes, el cielo está bien celeste. La lluvia de estos últimos días por fin paró.

Después de dos semanas más siendo una niña "buena" en la clase, y luego de que mi madre ayer volviera a hablar con la maestra, y ésta le dijera que continúo muy bien, decidió que no va a ser a fin de año sino hoy el día que voy a ir probarme a Nacional.

Me lo dijo a la noche, así de repente, como si fuera una noticia cualquiera. Estábamos mirando su novela favorita, después de haber cenado puré con milanesas, la mejor comida del mundo, y aprovechando uno de los cortes, lo largó, justo cuando yo estaba rellenando los vasos con jugo: "Mi amor, tengo que darte una noticia: ya averigüé los horarios de los entrenamientos, y mañana te voy a llevar a Nacional…".

Casi me desmayo, y la piscina del club de natación donde voy a nadar quedó chiquita comparada con cómo quedó la mesa después de que le volqué toda la jarra. Empecé a saltar como una loca, y a cantar canciones de estadio. Mi mami se rio de mí, de mi reacción, y se emocionó conmigo.

Después de ayudarme a limpiar el charco, me contó todo lo que había hablado con la maestra, y de cómo ella casi la convenció de que me premiara en este momento con la ida al fútbol.

¡Me pellizqué varias veces para comprobar que no era un sueño todo lo que había escuchado!

Estoy a punto, muy, muy cerca de vestirme Tricolor.

—Hoy al fin jugamos al manchado de nuevo, Milka —me grita Vale desde el portón del cole, recordándome que todavía es de mañana y que recién estoy llegando a la escuela. Pero ya falta menos…

—Sí, sí, al fin, tengo tremendas ganas de jugar al manchado —le respondo, y es cierto, hace días que no jugamos por culpa de la lluvia.

—Tenés una cara distinta hoy, siempre venís con cara de dormida, pero hoy, no sé…

—Ja ja, sí, es que estoy feliz. Pero te cuento en el recreo, mientras compramos en la cantina, ¿dale…?

—¡No, nena, ahora! No te hagas la interesante y largalo ya…

—No, después, porque es largo y ahora hay que entrar a la clase… Te juro que es algo bueno.

—Esto de que ahora seas tan correcta es un poco aburrido, antes me contabas todo en la clase o en donde fuera, sin que te importara nada.

—Y vos me criticabas y te enojabas por eso mismo, Vale. Me decías que era atrevida y muchas cosas más. Tanto vos como Romi insistieron en que tenía que cambiar, que tenía que portarme mejor, ahora bancátela, nena.

—Sí, pero…

—Te cuento en el recreo. Estábamos hablando del manchado, ¿qué decías…?

—Por fa, adelantame algo, dale.

—Bueno, está bien, mirá que sos pesada, che… Ahí voy, escuchá bien: ¡hoy voy a ir a entrenar a Nacional! Estoy más feliz que nunca.

—Te felicito, Mil. Es re buena noticia para vos.

—¿En serio me felicitás? A vos no te gustaba la idea…

—Eso era antes. Yo soy tu amiga, y si a vos te gusta el fútbol, te gusta y listo, y yo tengo que ser buena amiga y no pensar solo en lo que me gusta a mí.

—¡Gracias, sos la mejor amiga del mundo!

—Ya lo sé —responde, y se ríe.

—Vos y Romi…

Hablando de Romi, ella aparece por detrás, y nos asusta. Vale, sin casi dejarla llegar, le cuenta mi buena nueva antes de que yo pueda hacerlo. Dice que se alegra, pero me aclara que por las dudas a su madre no le va a decir. Yo estoy de acuerdo, porque a la vieja no le importa lo que hago o dejo de hacer, y menos si es para criticarme.

Cuando veo la hora, me doy cuenta de que son ocho y cinco: cinco minutos tarde, así que subimos la escalera corriendo.

Ahora, mientras el pizarrón dice que vamos a corregir los deberes, me da un cosquilleo fuerte en el estómago. Es que estoy tan feliz. Un poco nerviosa, pero re contenta. Todavía no puedo creer que mi madre me vaya a llevar hoy. ¡Al fin fútbol! Al fin voy a ir a practicar a Nacional.

Catorce

Hoy mi mamá no trabajó y mi tío vino a almorzar con nosotras. Se puso como loco cuando se enteró de que hoy comienzo a jugar al fútbol. Empezó a decir lo de siempre, y como yo no tenía ganas de responderle, dije que necesitaba ir al baño, pero no fui tan lejos, me quedé del otro lado de la puerta. Ahora está gritando sin parar, puedo escuchar todo lo que dice, y también lo que dice mi madre, porque aunque no grita tiene voz fuerte:

—… bajá la voz que está en el baño y te va a escuchar. No me gusta que hables así de ella. Te guste o no, hoy la voy a llevar al fútbol, se lo prometí ayer —escucho que dice mi madre, y esta es la tercera vez que se lo aclara.

—Hacé lo que quieras, entonces, Marlene. Yo lo único que te digo es que te vas a arrepentir. ¿Qué querés al final, que te la conviertan en un machito? Es tu hija, hacé lo que quieras, pero después no te quejes.

—La voy a llevar porque es su sueño. Le había prometido a fin de año, pero lo voy a hacer ahora. Ayer hablé con la maestra y me dijo que continúa portándose bien, y ya pasaron varias semanas. Sé que es lo que Milka quiere, y ya no me importa si es un deporte para varones o para mujeres. Es lo que sueña, que lo pruebe, que lo viva y que sea feliz.

—¡No me vengas con la felicidad y esas bobadas! Es un deporte bruto, para hombres. Que se deje de fútbol y sea una señorita.

—Te va a escuchar, hablá bajo… —insiste—. Al final lo que cualquier madre quiere es que sus hijos sean felices, y si ella va a ser feliz, yo lo voy a ser.

—Se va a convertir en un varón… Vos te hubieras convertido si no hubieses parado de jugar.

—Tendría que haber seguido, me gustaba mucho. Y no creo que sea para tanto. Aparte si se lo prohíbo es peor. Ella quiere ir, realmente le gusta el fútbol. No me parece que sea malo que juegue. Es solo un deporte.

—Que le guste un equipo de fútbol en un país futbolero como Uruguay es normal, pero que ande todo el día con una pelota debajo del brazo, no está bien, y que quiera ser jugadora de fútbol es una señal de que esto va a terminar mal. Hoy están los que dicen que todo es para todos, pero las cosas siempre estuvieron divididas por sexo, y todo marcha bien así.

—Hola, tío Juan… —digo entrando de golpe.

—Hola, seguí así que te van a confundir con un varón —me responde.

—Dejala, Juan, dejala.

—Ma —digo ignorando a mi tío—, me voy a jugar a lo de Daniel, al fondo de su casa, pero a las 5 vuelvo, porque a las 6 arranca la práctica, ¿tá?

—Sí, mi amor, no vengas más tarde, así llegamos en hora. ¿Estás contenta?

—Obvio que estoy contenta. Chau, ma, chau, tío.

Cuando me doy vuelta, lo escucho murmurar algo. Me pone triste que no me entienda, pero esto es lo que quiero, y voy hacer lo que dijo la maestra: voy a luchar.

Quince

Después de lo que me pasó, volví a las andanzas de siempre. Quizás tengan razón mi mamá y la maestra, y solo me había portado mejor para ir a jugar al fútbol, pero eso ahora ya es historia. La maestra me lo echó en cara. Si no le gusta, lo siento: es lo que hay, soy esto.

Volví a ser yo porque esa Milka tranquila era muy santa, o sea, no era realmente Milka Cristina (no sé cuál de mis nombres es peor).

Así que también volvieron las canciones de estadio en la clase y los intentos de jugar a la pelota con bolas de papel, aunque solo con un brazo, porque con el yeso en el izquierdo no puedo atajar bien la pelota.

Todavía me dan ganas de llorar cuando me acuerdo. Pensar que si esa tarde no hubiese ido a jugar a lo de Dani antes de ir con mi mamá a la famosa práctica, no me habría caído tratando de agarrar la pelota, o sea, no me hubiera quebrado y ahora estaría jugando en Nacional, o por lo menos, hubiera ido a probarme.

La peor de las suertes, la mía. Estoy triste y enojada, justo me vino a pasar aquel día. El que había soñado que iba a ser el mejor terminó siendo el peor, con todo lo que había insistido por ir a practicar. Todo lo que había luchado no sirvió de nada por caerme como una boba.

Mi mamá me prometió que cuando esté bien me va llevar a la práctica para tener mi oportunidad. Eso me anima, pero, ¿y si de acá a fin de año, cuando me saquen el yeso, se arrepiente? Tengo muchas contras: lo que le dice mi tío todo el tiempo, la conducta acá en la escuela...

Con esto de que volví a ser yo y dejé de ser santa, obvio que volvieron las discusiones con la bruja. Creo que hasta lo hacemos para no perder la costumbre, a veces pienso que en el fondo nos divierte un poco. Es verdad que ya no la odio tanto, pero es imposible no pelear con todas las normas que quiere que cumpla. Yo quiero ser libre, ¿qué tiene eso de malo?

—Maestra, Milka me está molestando —se queja Matías, mi nuevo compañero de banco. La maestra me cambió de lugar otra vez, ahora mucho más cerca de ella, no puedo ni respirar sin que lo note. Y para peor, este chiquilín que tengo al lado es demasiado buchón, todo le molesta y mete a la maestra en el medio.

—Yo no te estoy haciendo nada.

—¡Milka...!

—¿Milka qué? Yo estoy quieta acá, estoy escuchando lo que decís.

—Pasás cantando y a mí me molesta. No parás... —se queja él.

—No me escuches...

—A mí también me molestás —agrega Paola, que me odia.

—Es la tercera vez que interrumpo la clase para llamarte la atención, no es la primera, y no es justo para tus compañeros que sí quieren escuchar... Te están rogando silencio.

—No estoy cantando ni haciendo nada, ¿por qué les creés a ellos?

—Porque sí estás cantando y distrayendo al resto, te estoy escuchando.

—Sí, claro.

—Si a ti no te interesa, por lo menos respeta a tus compañeros, ellos tienen el mismo derecho que tú a aprender.

—No estaba cantando mucho —murmura Nicole en mi defensa. Pero la maestra no la escucha y sigue:

—Si no quieres estar en la clase, puedes salir a hablar con la directora, ahí tienes la puerta, pero respeta al resto que sí quiere estar...

—Sí me voy, me voy al baño. Estoy respetando a todos.

—No, no respetas. Y si sales, vas a la dirección...

—Sí, sí dale, como digas —murmuro.

—¿Puedo seguir con la clase? —me pregunta la maestra con sarcasmo.

—Sí, por mí hacé lo que quieras —le respondo con bronca.

—Gracias, ahora que tengo tu permiso…

—Ahora voy a cantar más que antes —digo entre dientes.

Y ya estoy retirando eso que dije acerca de que no la odio tanto a la bruja, porque ella me odia demasiado y nunca me cree lo que le digo. Aunque era verdad que estaba cantando, una vez me podría dar la razón a mí y no a mis compañeros mala onda.

Dieciséis

Odio haberme desarrollado. Si bien ya hace un tiempo de la primera vez, todavía no me acostumbro, es muy incómodo y siempre me duele mucho la panza cuando estoy con el período. El dolor a veces me hace llorar. Mi mamá dice que es normal, pero a mí me molesta. No entiendo por qué yo me desarrollé y mis amigas no. Ellas quieren que les cuente qué siento, pero a mí me da vergüenza. Romi dice que quiere menstruar como yo, para ser grande, pero a Vale le da miedo la idea y no quiere que le pase por nada del mundo. Ya le dije que, quiera o no, le va a pasar igual.

Hoy me manché en la clase, lo descubrí en el recreo cuando fui al baño. Sentí miedo de que me pasara hasta la túnica, así que me puse un buzo en la cintura, pero a la maestra se le ocurrió que no era correcto y me pidió, o mejor dicho, me ordenó que me lo sacara. Le grité que no y casi termino afuera del salón. Por suerte, fue *casi*, porque cuando me acerqué a su escritorio, decidida a explicarle, prendida fuego de la vergüenza, no sé cómo, pero lo entendió todo. Le dijo algo a la clase como excusa y me permitió que me dejara el buzo, le pedí para volver al baño y ella dijo "vaya".

—Una pregunta, Mil, hoy en la escuela, ¿te manchaste, no? —me pregunta Romi apenas cruza la puerta de la entrada de mi casa.

—Sí, pero ¿y vos cómo sabés, nena? ¿Sos vidente?

—Porque primero la maestra no quería que te quedaras con el buzo en la cintura, pero después hablaste con ella y te dejó. Uno más uno es dos —me responde muy convencida.

—Sí, me manché, no la túnica pero casi, por eso me puse el buzo, por las dudas que se pasara y se viera.

—Debe de ser horrible mancharse y tener miedo de que te vean —razona acomodándose en uno de los puff de mi cuarto donde siempre se sienta.

—Sí, es lo peor. Me moría si se pasaba y alguien me veía, me iba corriendo de la clase, te lo juro.

—Aunque esté ese miedo de mancharse, yo quiero desarrollarme, quiero que me venga ya.

—¡Estás loca, Romina! Es feo y encima duele.

—Pero significa que ya dejaste de ser chica y pasaste a ser mujer.

—Sí, eso es lo único bueno, pero te juro que estar una semana al mes con esto no es nada lindo. Mejor hablemos de otra cosa…

—¿De lo lindo que es Guille? ¿O de cuándo me vas a enseñar a jugar al fútbol?

—Si convencés a tu madre, cuando quieras, yo no quiero líos ni que nos separe. Y de Guillermo no quiero hablar, basta.

—Es tan lindo...

—Sí, re —le termino confesando.

—¡Yo sabía que te gusta! Al fin lo reconocés, ja ja.

Al final sí hablamos de él, y fueron como dos horas de corrido. Está bueno charlar sobre chicos. Ya no siento tanta vergüenza. Vale llegó, y también le conté que me gusta Guille. Porque tiene razón Romi, es normal gustar de alguien.

Diecisiete

"Dr. Amarante: Traumatólogo infantil", dice el primer cartel que alcanzo a leer cuando entro al hospital. Y entonces me acuerdo de que ese fue el nombre que leí en la orden del médico que hoy me va a atender. Así que cincho a mi madre para que se apure de una vez, viene caminando como una tortuga.

—Dale, que es ahí, movete, ma.

Llegamos tarde, como yo suponía, así que nos hacen esperar hasta el final. Por suerte tengo un libro y me pongo a leer, no el de Luther King, ese ya se lo devolví a la maestra. Me gustó mucho, pero en algunas partes me pareció un poco difícil de entender, tenía palabras muy para grandes. Este se trata de otro hombre negro de la misma época, también de Estados Unidos, Malcom X, que peleó por los derechos de las personas negras, pero de una forma violenta, hasta dijo que los blancos somos "diablos" y que no teníamos que existir más. No me gustó eso, porque creo que todos tenemos derecho a estar en este mundo. Y como me dijo mi mamá, "todos tenemos derecho a ser felices".

—En una semana sacamos el yeso —nos informa el doctor al examinar mi brazo, levantando su gigante bigote negro al mismo tiempo que levantaba también sus enormes cejas.

Salto de la emoción.

—Al fin, después de casi tres semanas… Ya estaba harta. ¿Escuchaste, ma?

—Sí, Milka, sí —intenta callarme mi madre para continuar escuchando al doctor, pero no lo logra.

—¿O sea que el viernes 14? —le pregunto al médico.

—Sí, el viernes que viene.

—Ahí va, a full, porque entonces para el 17 ya voy a estar bien, ¿no...?

—Sí —me asegura el doctor—, ya vas a estar bien. ¿Qué tienes, la fiesta de la escuela?

—No, la fiesta de la escuela es antes, pero igual no es lo que me importa, ni siquiera quería bailar las canciones de Dios que nos meten... Pregunto por el lunes 17 porque mi mamá me prometió que, si estoy bien, me va a llevar a jugar al fútbol ese día, que averiguamos que hay práctica.

—Si estás bien y si te portás bien. Las dos cosas —aclara mi madre.

—¿Así que jugás al fútbol?

—Sí, bueno, no en un equipo, por eso quiero ir a probarme a Nacional para jugar de verdad —le respondo con un poco de mal humor, imaginándome su próximo comentario: "¿Una niña jugando al fútbol?".

—Mi hija Silvina y mi sobrina Stephi también juegan y tienen tu edad, once.

Si su hija y su sobrina juegan al fútbol y tienen mi edad, podrían ser amigas mías. Eso sería genial. Quizás algún día me las cruce en alguna cancha si es que arranco a jugar.

—¿En serio? ¿En dónde?

—En un equipo cerca de mi casa. ¿De qué te gusta jugar a vos? Mi hija juega de defensa y Stephi de delantera.

—Ah, ¡qué de más! De golera me encanta, pero me gusta de defensa, también. ¿En serio juegan? A mí siempre me critican cuando digo que quiero jugar al fútbol, me dicen que no es un deporte muy femenino.

—Yo no opino eso. Además, con todos los niños sedentarios que existen hoy en día, a mí me genera mucha felicidad que todavía se practique deporte, y más el fútbol, con lo que me gusta. Te cuento un secreto: yo hubiera preferido ser jugador de fútbol, pero no era muy bueno, así que acá me ves...

—Ser médico no está tan mal… Y a mí también me gusta el fútbol, es mi deporte preferido, ¿de qué cuadro sos vos? Decime que de Nacional…

—De este, del más grande —me dice mostrándome un portarretrato que tiene en su escritorio.

—¡Bien! Sos de Nacional, ¡qué crack!

—Esta foto la sacamos el día que Nacional cumplió 100 años.

—Ahhh, el 14 de mayo de 1999.

—¡Ah, pero sos hincha en serio…!

—Sí, obvio…

Mi madre, que escuchaba la conversación sin abrir la boca, comenta levantando las cejas:

—Hasta llora por Nacional.

—No la juzgo —contesta el médico—, porque yo también. Bueno, Milka, ¿te veo el viernes entonces?

—Sí, pero pará… ¿Esta es tu hija, la que juega al fútbol?

—Sí, ellas son mi esposa y Silvina en la tribuna Olímpica. Y este otro niño que ves acá es mi hijo —me dice señalando otro portarretrato—. Pero él no salió bolso, es de Defensor como su padrino. Pero por lo menos no es manya, ¿no?

—Pero, ¿cómo lo dejaste no ser? Yo, cuando tenga hijos, ni loca voy a dejar que no sean de Nacional. Les saco el apellido, te lo juro.

—Ja ja, cuando tengas hijos, venís y me contás.

—Van a ser de Nacional, te lo juro.

—Milka, un segundo, antes de que te vayas, ¿puedo hacerte una pregunta?

—Un hincha de Nacional me puede hacer todas las preguntas que quiera.

—¿Tú sabes dónde entrenan las chicas de Nacional y los días, no? Porque estoy seguro de que a mi hija y a mi sobrina les encantaría jugar en el club del que también son hinchas.

Aman a Nacional, pero yo no tenía ni idea de que había fútbol femenino en el Bolso...

—Los días de entrenamiento son los lunes y los miércoles de 18 a 19.30, cerca de la sede.

—Atrás del Parque Central, hay un cartel —le informa mi madre.

—Muchas gracias. El viernes te cuento si les gustó la idea, y si dicen que sí, capaz que pueden jugar contigo más adelante.

—¡Claro! ¡Estaría buenísimo! Pero si mi madre me lleva, porque...

—Estoy esperando el carné de fin de año —aclara enseguida ella, que no pierde oportunidad para recordármelo.

—Vas a jugar —afirma el médico—, ese carné de seguro viene bien. Y ojalá ganemos el clásico del domingo.

—Lo vamos a ganar, doc.

—Cuidate, Milka. Hasta luego, señora.

—¿Viste, ma, cómo hay más niñas que juegan al fútbol? —le digo mientras caminamos hacia la parada del bus.

—Sí, hija, ¡y me parece muy bien! Ya me convenciste de que no es un deporte exclusivo de varones. Así que tranquila, ya no te esfuerces más, lo tengo clarísimo y ojalá pronto puedas jugar —me responde convencida.

—Bueno, te creo, gracias, ma.

—Vamos a ver, todo depende de ti —me dice ahora, haciéndole señas al ómnibus para que pare.

—Yo también tengo claro de que depende del carné —respondo resignada.

—Muy bien, ahora sí nos entendemos.

—Cambiemos de tema, porque sé que me pongo re pesada con el fútbol...

—Ja ja, menos mal que te das cuenta... Voy a pagar los boletos y después yo voy hablarte de mi novela, así estamos a mano...

—No, no, ma, por fa, no. En serio que de Carlos Alberto y la sirvienta no quiero saber… —le suplico yéndome hacia el fondo.

Ella sonríe, después paga y viene a sentarse a mi lado.

—Bueno, está bien, te salvás porque ayer no pasó nada interesante, pero esta noche la vemos juntas, así compartimos un rato antes de ir a dormir y si querés después podemos leer alguno de esos libros que te compré el otro día, ¿te parece?

—Bueno, pero pará, antes de que me olvide: ¿viste lo que era el bigote del doctor? ¿No te dio gracia a vos? Era tan grande y feo…

—Sí, era enorme, y las cejas también eran grandes. Vos sos terrible, no dejaste ni un segundo de mirarle, casi me hacés reír. Pero sí, era muy gracioso, parecía Mario Bros.

—Ja ja ja, vos sos la terrible, ma, no yo.

Nos reímos hasta bajarnos del bus, la rompió con lo de Mario.

Termino por dejarla hablar de la comedia, pero solo porque estoy de buen humor, yo odio esa novela. Bah, esa y todas. Chorrean amor y me aburren.

—¿Sabés algo, mamá? —le pregunto ya caminando hacia nuestra casa.

—¿Qué?

—La otra vez la maestra nos dijo que hay que luchar por los sueños…

—Sí, y tiene razón.

—Bueno, eso es lo que yo estoy haciendo.

—Estoy orgullosa de vos, por cómo sos, por ser valiente.

Yo también estoy orgullosa de ella, de que me acompañe en mi sueño y me defienda frente a todos. Sonrío y le hago una guiñada. Y aunque hubiese preferido que no me abrazara en el medio de la calle porque me da vergüenza, yo también la abrazo.

Dieciocho

Llamé a mi padre apenas llegué del doctor. Le conté que estoy a un paso del fútbol, y se emocionó tanto que creo que hasta lloró. Dijo que yo voy a cumplir su sueño de defender a Nacional, aunque él no jugaba al fútbol sino al básquet, y según me dijeron, era un capo. No sé si fue porque yo nací, pero abandonó. Mi mamá también dejó de estudiar, así que creo que los dos se sacrificaron por mí. Siento que los vine a molestar, pero de eso ya pasó mucho tiempo y no puedo hacer nada.

Al rato de cortar con mi papá, el teléfono volvió a sonar, y era él de nuevo: quería darme la mejor noticia del mundo. Me dijo que aunque no le quedó mucha plata para el resto del mes, se emocionó tanto con mi posible y casi segura ida al fútbol, que sacó las entradas para el clásico de pasado mañana. Mi madre festejó que no tiene que ir ella conmigo, estaba a punto de sacar las entradas para llevarme. Y yo más feliz, imposible, es que no hay nada más lindo que ver y jugar al fútbol con mi papá.

La noche anterior a los clásicos, siempre me cuesta dormir. Anoche no fue la excepción, la última vez que miré la hora eran como la una, y a las siete ya estaba levantada, y eso que odio madrugar, pero como estoy re nerviosa... Es que en el clásico se juega el honor del año, es el juego más importante para los jugadores de los dos equipos y para sus hinchadas. Si se gana, se salva el año aunque no se salga campeón, pero si perdés, ya no importa si les ganás a todos los demás, es un fracaso y puede llevar a que echen al técnico y a los jugadores. Así de importante es. En la semana, en todos lados solo se habla del clásico, todo el mundo apuesta por quién va a ser el ganador: en el almacén, en el bus, en la farmacia, la carnicería, en la escuela y por donde camines. Los programas deportivos solo dan noticias de Nacional y de Peñarol, como si los demás equipos no existieran. Yo no me pierdo ni un programa, analizo las estadísticas, me informo de todos los detalles.

Hoy los uruguayos futboleros lo vivimos con mucha pasión. Casi todos salimos a la calle con la camiseta, la bandera o la cara pintada, vayamos o no al estadio.

Me imagino los nervios que deben de sentir los jugadores, se deben de poner como locos, porque si yo que lo miro de afuera me muero de la ansiedad, ellos no sé, ¡hasta deben de tomar té de tilo…!

A mí ya no me quedan uñas que morder, no puedo más, necesito que arranque de una vez, pero todavía faltan dos horas y media.

Estamos llegando a la cancha, solo falta una parada para que mi papá, el resto del bus que viene lleno de hinchas y yo nos bajemos frente al Centenario. Ya veo que es una locura de gente, de colores, de rojo, azul y blanco, y de negro y amarillo.

La policía parece de mal humor, está como loca ordenando las filas de las entradas y a los hinchas, que cuando se cruzan con los rivales se dicen malas palabras y se hacen gestos. A mí me divierte verlos y escucharlos, mientras que no se peguen, todo bien. En el ómnibus sí discutieron un poco las barras, pero no me asusté porque fue apenas. Comenzó un hincha de Nacional insultando a uno de Peñarol, y otros más los siguieron, pero ante la amenaza del chofer con que si se continuaban los iba a llevar a todos a la comisaría, se calmaron, y así cada bando se dedicó a cantar sus canciones. Mi padre y yo cantamos con el resto de los bolsilludos los treinta minutos que estuvimos viajando.

Mientras vamos subiendo la escalera hacia nuestros asientos, mi papá me guiña un ojo. Está tan nervioso como yo, lo sé porque no para de fumar, además de que se pone y saca el buzo cada dos segundos, dice que le cambia la temperatura del cuerpo muy rápido. Yo le digo que es los nervios, porque frío no puede tener, hoy hace mucho calor, está como para ir a la playa.

Cuando por fin nos sentamos, respiramos hondo: ya está, ya estamos prontos, estamos en casa. Cada vez que venimos a ver a Nacional, seguimos nuestra cábala de llegar dos horas antes y de elegir el mismo lugar donde sentarnos (arriba y a la derecha). A veces nos encontramos a otros hinchas conocidos que también eligen mantener su sitio. Cuando hay, vemos el clásico de tercera división. Hoy, por ejemplo, acaba de comenzar.

Ver la tribuna tan colorida, escuchar y ver los tambores, a los hinchas de todas las edades unidos por lo mismo, por el amor a los colores, ¡es tan lindo! Me pone la piel de gallina, y hasta ver a la tribuna rival es increíble, porque teniendo colores tan distintos (amarillo y negro), arman su fiesta, alientan a sus colores como lo hace mi hinchada.

Ya sé que lo dije, pero venir al Estadio un día de clásico, es único. Todo es color, canto, amor, locura. La gente de toda edad con el papel picado pronto para tirar cuando salgan los jugadores a la cancha, los niños inflando globos, los más jóvenes saltando, las familias completas tomando mate y comiendo tortas fritas, garrapiñada o churros, los más viejos con su radio pegada a la oreja... Sé que, más tarde, una de las hinchadas no se va a ir feliz, pero quiero disfrutar saltando y gritando antes de que empiece, ya voy a tener 90 minutos para sufrir en serio. Mi padre canta y salta conmigo, los dos rompemos aún más chiquitos los papeles picados, y eso quiere decir que estamos cada vez más ansiosos.

El clásico de los juveniles terminó 0 a 0, y ahora, en cinco minutos según mi reloj, empieza el partido que todos estamos esperando. Ya los dos equipos están en la cancha, cada tribuna recibió a sus jugadores con fuegos, cantos y aplausos. Una nube de humo de colores tapó la cancha, pero ya se está despejando y esto va a comenzar.

Ya no queda nada, el juez mira a sus asistentes, ellos levantan el pulgar… el árbitro pita el comienzo del juego.

Todos los clásicos son difíciles. No importa quién venga mejor, no hay un favorito. Es un partido diferente y eso lo sabemos todos. Por eso, no me sorprende que Peñarol, que venía segundo a tres puntos del primero, de nosotros, esté jugando mejor y que de hecho nos vaya ganando (me re duele, eso sí), pero hace diez minutos, exactamente, a los 65, hicieron un gol de penal, que estuvo bien cobrado, fue foul de uno de nuestros defensas a su nueve. Cada vez estoy más nerviosa, ¡esto no puede terminar así! No quiero aguantar cargadas, mañana, no quiero ver perder a mi equipo contra Peñarol. ¡Ayudanos, Dios!

—Pegale, Botija Pérez, por favor —grita el viejo pelado y gordo que tengo detrás, y no es la primera vez: cada vez que la toca este jugador, dice lo mismo. Me desespera, me pone peor.

—Ya le va a pegar cuando tenga mejor ángulo —le responde mi padre leyéndome la mente. Yo estaba pensando en decirle lo mismo. La pelota nunca le queda bien, no es culpa del jugador.

El viejo no responde, creo que ni lo escucha.

—*Hay que alentar hasta la muerte,/ porque yo al Bolso quiero/ y lo llevo en el corazón.* Canten, por fa, hay que alentar —grito.

La gente de alrededor se ríe y me hace caso. Toda la tribuna lo hace, ¡qué poder tengo!

Y no sé ni cómo, pero la pelota ahora está en el área de Peñarol, y no entiendo, porque recién estaba en la nuestra.

—Pegale, Botija Pérez —insiste, cuándo no, el viejo.

El Botija se apronta y de derecha saca un misil desde la medialuna.

—¡Goool, goool, goool! —gritamos a coro. ¡Nacional, nomá! ¡Nacional, carajo! La tribuna se cae, los gritos de gol me dejan sin voz. Acabamos de empatar. El viejo llora. Quedan cuatro o cinco minutos. ¡Vamo, loco, vamo! ¡Es hoy, Bolso querido!

Ahora, Nacional lo quiere ganar, la tribuna de ellos está muda, pero nosotros no paramos de cantar, creo que hasta los jugadores se alientan a sí mismos. Tenemos la pelota, la lleva el Taba, pero la pierde, la roba Peñarol (un jugador que no alcanzo a ver quién es), tira un pelotazo que llega a nuestra área, el delantero la baja en la medialuna, gira, le pega y se va al diablo. Saca Juanchi López con un pelotazo desde del arco, le cae al Botija en la mitad de la cancha, va hacia arriba, elude a uno, a dos, está llegando al área, creo que queda un minuto, el Botija la toca con el Taba, este le hace una pared y se la devuelve:

—¡Pegale, Botija Pérez! —grita otra vez el viejo.

—Por fa, Botija, es ahora —rezo yo.

¡Síí, es gol, es goool, gooooool Nacional, gooooooooool!

Mi padre llora, el viejo nos abraza, nosotros también lloramos.

La tribuna canta, el viejo nos suelta y le reza al cielo. Mi padre me tiene abrazada, yo soy feliz, yo amo a Nacional, lo amo a mi papi, al fútbol y hasta al viejo por insistir con que le pegue el Botija.

¡Gracias, Botija, gracias!

No quiero que este día termine, no quiero dejar de saltar y gritar por Nacional. El juez del partido pita el final unos segundos después, el Bolso gana 2 a 1 de atrás y en la hora.

Diecinueve

Y acá estoy, último día de clases. Después de haber vivido un domingo inolvidable con Nacional, hoy termino el curso. Me siento un poco rara, todo el año quise que llegara este día, creo que desde el comienzo. Sin embargo, ahora que llegó ya no estoy tan segura de querer que termine el año.

Me gustan las vacaciones, ¿a qué niño o niña no? Pero voy a extrañar a mis compañeros y compañeras, estoy segura de que voy a extrañar hasta a los que no me banco. Es que son cuatro horas todos los días las que comparto con ellos, son parte de mi vida.

Los primeros días de las vacaciones van a estar buenísimos, levantarme tarde y jugar todo el día, pero tres meses así es mucho, me voy a aburrir como todos los años que, al final, termino queriendo que empiecen las clases. Creo que soy bastante masoquista.

Ayer, antes de dormir, estuve pensando en que seguramente además de mis compañeros voy a extrañar a la bruja. Y seguramente sí, porque ya no creo que sea tan bruja.

Mientras pienso todo esto, el ómnibus va camino al Parque Rosedal, es decir, a nuestro paseo de fin de año. Todos van cantando y riendo, yo los miro y me divierto, pero no me sale hacer lo mismo.

La cara del chofer no es muy amigable, creo que le molesta todo este ruido, y eso también me divierte, me gusta ver el mal humor en sus gestos. Que se la banque, ¿no?, el bochinche es parte de los niños.

La maestra no dice nada, no nos festeja pero tampoco nos calla.

Parece que estamos llegando.

No sé si hay mucho que hacer acá, las flores son lindas, tan bonitas que da miedo de que se marchiten de solo mirarlas, ¡qué cursi soy! El pasto es tan verde que no quiero ni pisarlo, está mejor cortado que el del estadio, bien parejito, igual al del Gran Parque Central. Pensándolo bien, me gustaría pisarlo pero con una pelota en los pies. Lo más raro del parque es que no hay ni un papel tirado, no parece Montevideo, sino una plaza de otra ciudad.

—Maestra, ¿nos podemos sacar la túnica? —le pregunto asfixiada—. Hace un calor de locos —añado exagerando.

—Sí —dice con una sonrisa.

Está de buen humor, debe ser porque es el último día y no tiene que bancarnos más. Mejor dicho, no va a tener que soportarme más a mí, y eso la debe de hacer muy feliz.

—Gracias, es que con el yeso y la túnica voy a morir.

—¿Cuándo te lo quitan?

—Por suerte, el viernes, no aguanto más el calor y además me pica… Si el doctor no me lo saca, me lo arranco, en serio —le respondo alejándome.

—Milka...

Giro hacia ella y le pregunto con un ademán qué quiere. Ella me hace un gesto para que me acerque de nuevo.

—¿En qué quedó la ida al fútbol?

—Y… la cosa es así. ¿Viste que te dije que este viernes me sacan esto, no? —ella asiente—. Bueno, mi madre me prometió que el lunes 17, el que viene, me va a llevar a jugar a Nacional, pero solo si en el carné que me das hoy vos ponés que anduve volando, que fui y que soy una santa… Así que, si me mataste, por fa cambialo...

Ella sonríe y yo aprovecho para seguir hablando. Quizá, si me mató, pueda hacer que lo cambie.

—Dale, ya terminó el año, no te cuesta nada, no me vas a ver más, poné que fui y que soy un ángel y listo... Dale, por favor, no es nada para vos, porque si no, aunque el brazo quede bien, no voy a jugar ni con un trompo.

La maestra ríe a carcajadas y yo también, aunque no tanto. Y ahora sí me alejo para jugar con los demás.

La verdad es que no es taaan mala, es un poco loca y mandona, pero yo también. Lástima que discutimos tanto en el año, creo que una vez que arrancamos a pelear no pudimos parar, ella fue bastante bruja, y yo no me quedé atrás.

—Mil, el otro día no te felicité —me dice Guillermo, mi manya lindo, interrumpiendo mi reflexión sobre la maestra.

—¿Por?

—Porque Nacional ganó el clásico. Jugaron bien, bo. En la hora lo ganaron. Y además, si este fin de semana ganan, salen campeones. De seguro, van a ganar.

—Ah, gracias, gracias. Bueno… otro año será para ustedes, che —le respondo, aunque en realidad para mis adentros pienso "ojalá que no, ¡pero qué lindo sos!".

—Vos no querés que otro año ganemos nosotros, ja ja. No me mientas, Milka, te conozco. Ah, y te espero en el campito un día de estos, dejá de hacerte la difícil, bo —dice sonriendo y guiñándome el ojo izquierdo. Finalmente, me da un beso en el cachete a modo de "después nos vemos".

Esa parte de la cara no me la lavo más, ¡lo juro!

Gladys habla un rato antes de entregar los carnés, dice lo que siempre dicen las maestras cuando termina el año: que fuimos un grupo precioso, muy trabajador y esas cosas, que casi siempre son mentira. Es que el último día en la fiesta se dicen cosas lindas, es todo bueno porque es fin de año. Creo que dijo algo de mi conducta porque la gente se rió y sentí que me miraron, pero no escuché qué.

Por fin los está entregando, ya llamó a varios, quiero el mío ya. Lo que diga va a determinar si voy a jugar al fútbol o no. Espero que la bruja haya sido buena.

—Milka —me llama y se ríe. No sé de qué pero lo hace. ¡Qué momento raro este! Yo también sonrío. Y con mi primo bebé en los brazos, voy a buscar el tan deseado carné.

Vuelve a hacer alusión a mi comportamiento, dice algo chistoso, tengo que reírme como hicieron todos, pero me da vergüenza también. No hay dudas de que fue gracioso el comentario, pero también es verdad que los padres de mis compañeros se hubiesen reído igual aunque no lo hubiese sido. Eso es típico de los adultos, hacen muchas cosas porque tienen que hacerlas.

—Tu carné —me dice Gladys, y agrega—: Felices vacaciones.

—Maestra, te quiero decir tres cosas —le digo, y ella me mira expectante—: La primera, perdón por todo lo que hice. La segunda, gracias por todo. Y la tercera, felices vacaciones. Ah, y otra cosa más: vos y Luther King me enseñaron algo este año: ¡a luchar!, así que gracias por eso también.

No espero a que responda, me voy rápido de su lado, pero creo que me dijo "me alegro mucho".

Tengo el carné en mis manos, mi futuro en el fútbol ahí dentro, lo tengo que abrir, pero no me animo...

—¿Estás contenta? —me sorprende la maestra un rato después de la entrega.

—Sí, estoy contenta... —respondo, aunque todavía no tengo ni idea de qué dice el carné. Pero si tengo que estar contenta es porque dice cosas buenas, ¿no?

—Madre, ¡ahora va a tener que llevarla al fútbol! —le dice la maestra a mi mamá.

Mi madre, entonces, toma el carné de entre mis manos, lo abre, y mientras lo va leyendo, se le va dibujando una sonrisa.

Y yo, aún sin saber qué es lo que dice, las miro y, como ellas, sonrío.

*"Si no puedes volar, corre.
Si no puedes correr, camina.
Si no puedes caminar, gatea.
Pero hagas lo que hagas,
siempre sigue hacia adelante".*

Martin Luther King

Acerca del autor

Mi nombre completo es Milka Cristina Garay Strata.

Nací en Montevideo, Uruguay, el 13 de junio de 1990.

Estudié Licenciatura en Trabajo Social en la Facultad de Ciencias Sociales, UdelaR (Universidad de la República) hasta 4to año, cuando me mudé a Países Bajos.

También estudié un año de Periodismo deportivo y cursé durante un tiempo Magisterio.

Soy asistente terapéutica de personas con discapacidad y adultos mayores. Con ese rol, trabajé en mi país para el Sistema Nacional de Cuidados de atención a la dependencia.

Desde hace un tiempo, vivo con mi pareja Guillermo y mi perro Igor en Ámsterdam.

Actualmente estudio holandés y perfecciono mi dominio de la lengua inglesa.

Por primera vez, juego al fútbol en cancha de once.